W9-CZP-134

EXTRA EXTRA EXTRA EXTRA

SUPER KAKURO

A COOL COLLECTION OF THE HOTTEST NEW PUZZLES AROUND!

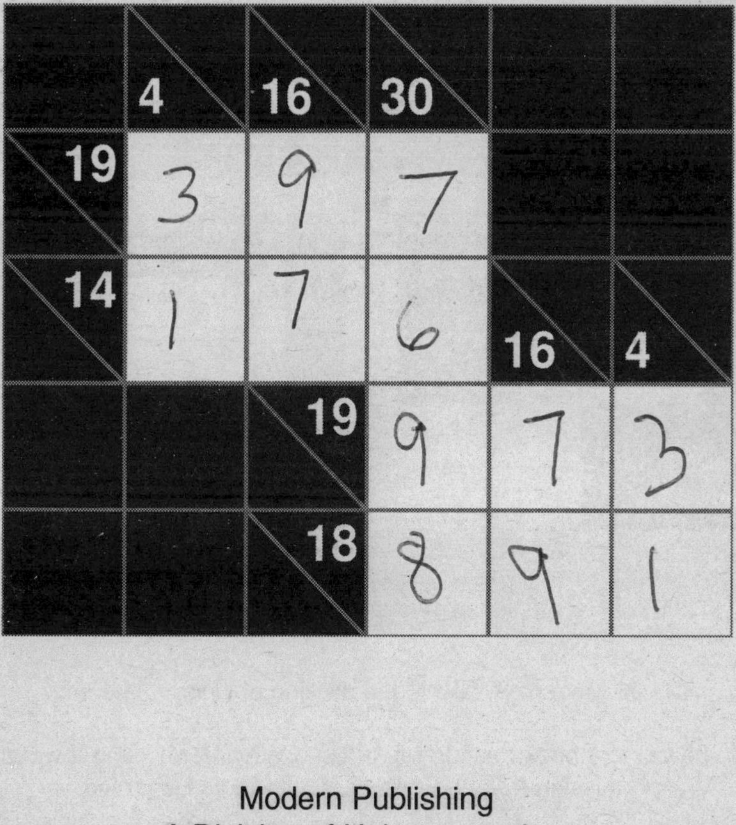

Modern Publishing
A Division of Unisystems, Inc.
New York, New York 10022

Kakuro consists of a playing area of filled and empty cells similar to a crossword puzzle. The numbers in the black squares around the edges of the blocks are called **clues**. The **clues** will tell you the sum of the number in that block. The numbers printed in the black squares above the diagonal lines are called **across clues**. Clues that appear below the line are called **down clues**. The clues will tell you the sum of numbers in that particular block, but you cannot repeat a number in a given block and can only use numbers 1-9. With a variety of sizes and difficulty levels ranging from easy to difficult, you'll be a Kakuro expert in no time!

COVER PUZZLE

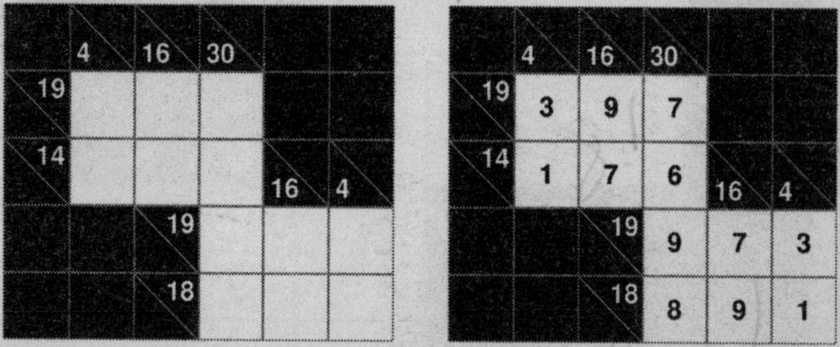

©2006 Modern Publishing, a division of Unisystems, Inc.

No part of this book may be reproduced in any form without written permission from the publisher. All Rights Reserved.

Printed in the U.S.A.
Series UPC: 50090

1

	4	16	30		
19	3	9	7		
14	1	7	6	16	4
		19	9	7	3
		18	8	9	1

2

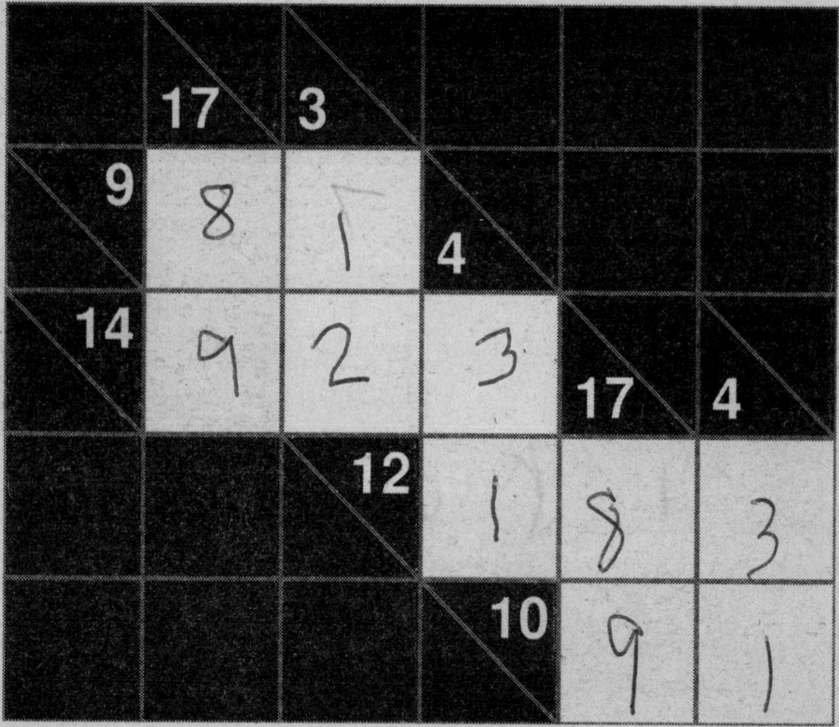

■	17↓	3↓	■	■	■
9→			4↓	■	■
14→				17↓	4↓
■	■	12→			
■	■	■	10→		

3

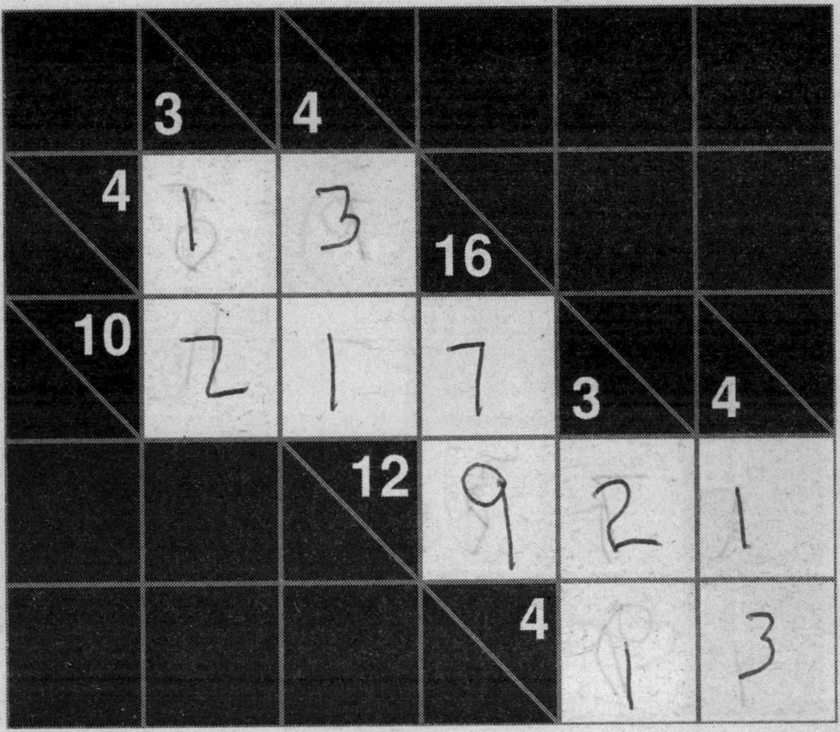

	3	4			
4			16		
10				3	4
		12			
			4		

■	■	■	■	4 (down)	3 (down)
■	■	■	16 (down) / 4 (across)		
■	16 (down)	4 (down) / 10 (across)			
19 (across)				■	■
10 (across)			■	■	■

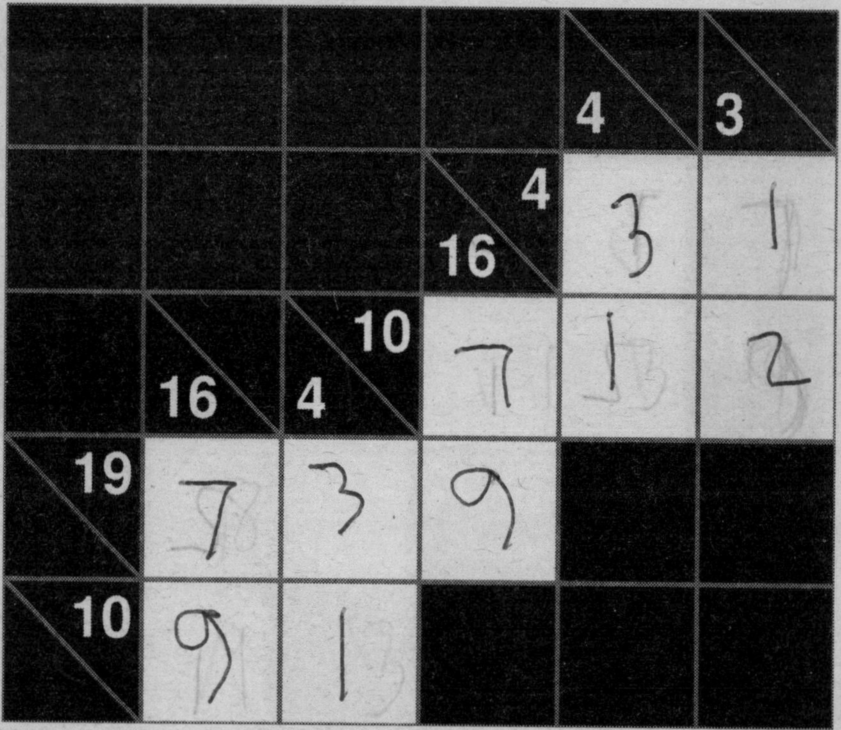

5

				3\	17\
			3\9	1	8
	17\	16\12	1	2	9
\18	9	7	2		
\17	8	9			

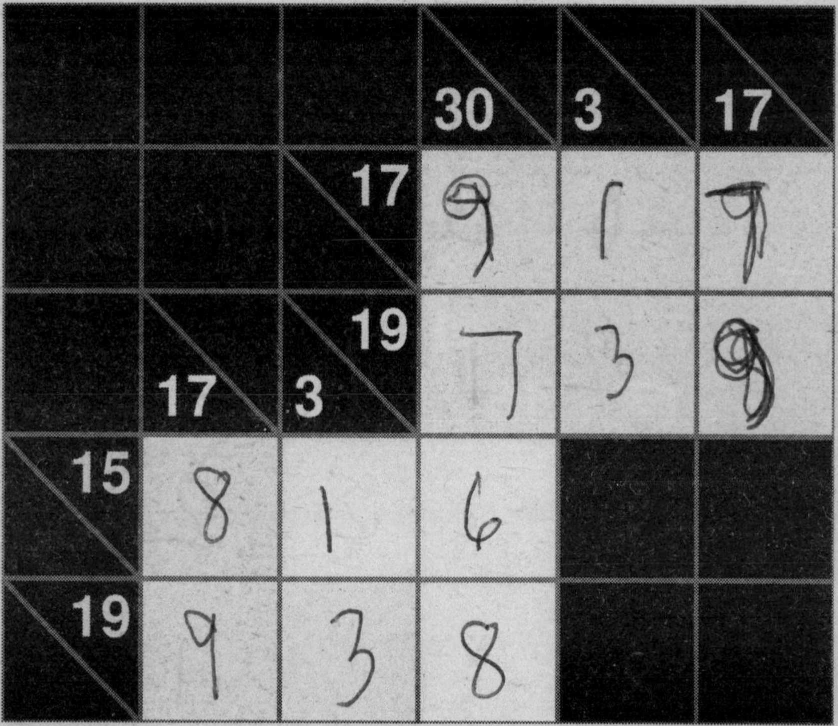

6

			30↓	3↓	17↓
		17→	9	1	7
	17↓	3↓ 19→	7	3	9
15→	8	1	6		
19→	9	3	8		

7

			29	3	4
		12	9	2	1
	16	3 \ 11	7	1	3
19	9	2	8		
13	7	1	5		

8

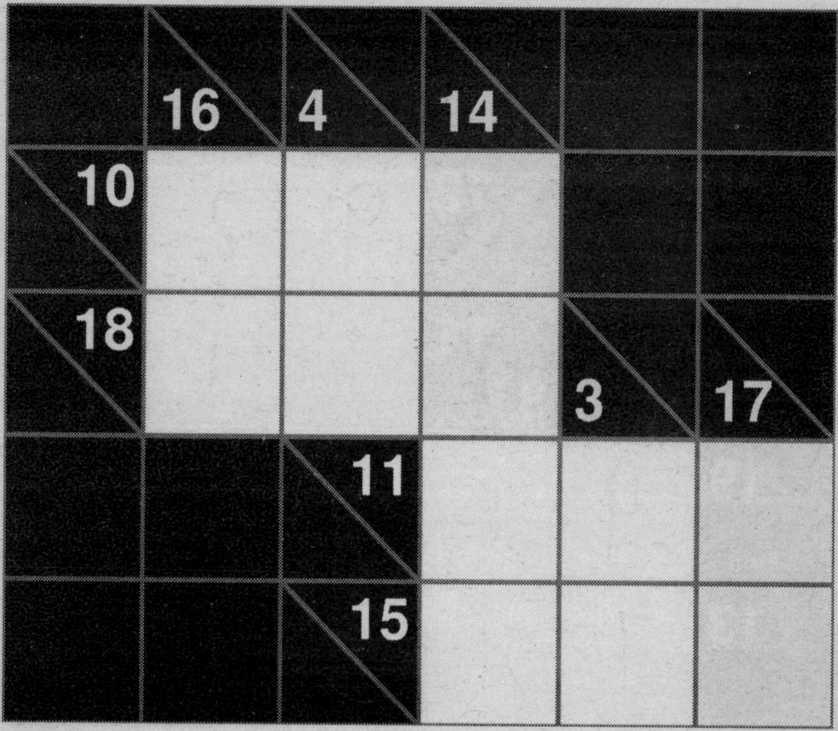

	16	4	14		
10					
18				3	17
		11			
		15			

9

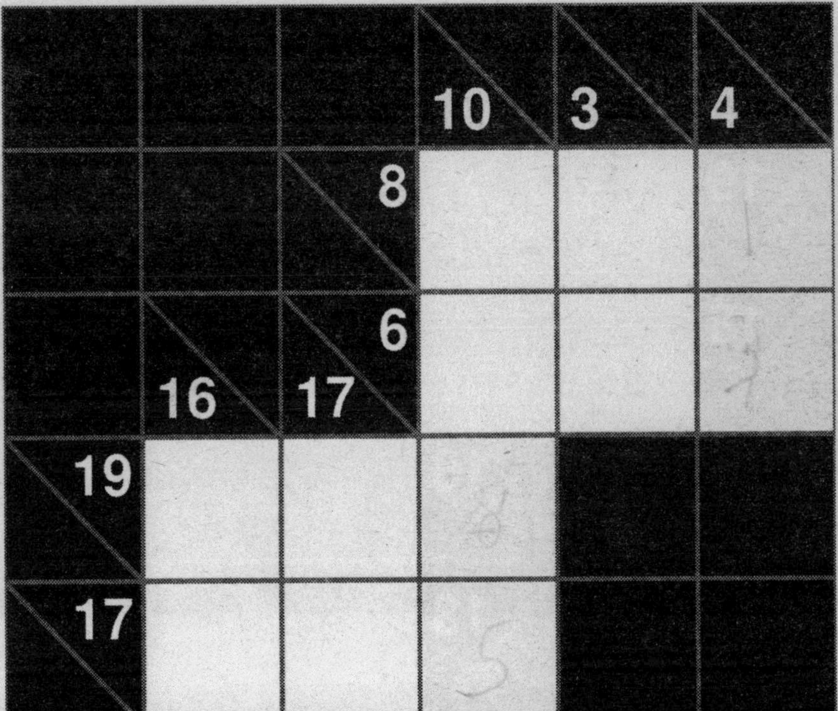

			10	3	4
		8			
	16	17 6			
19					
17					

10

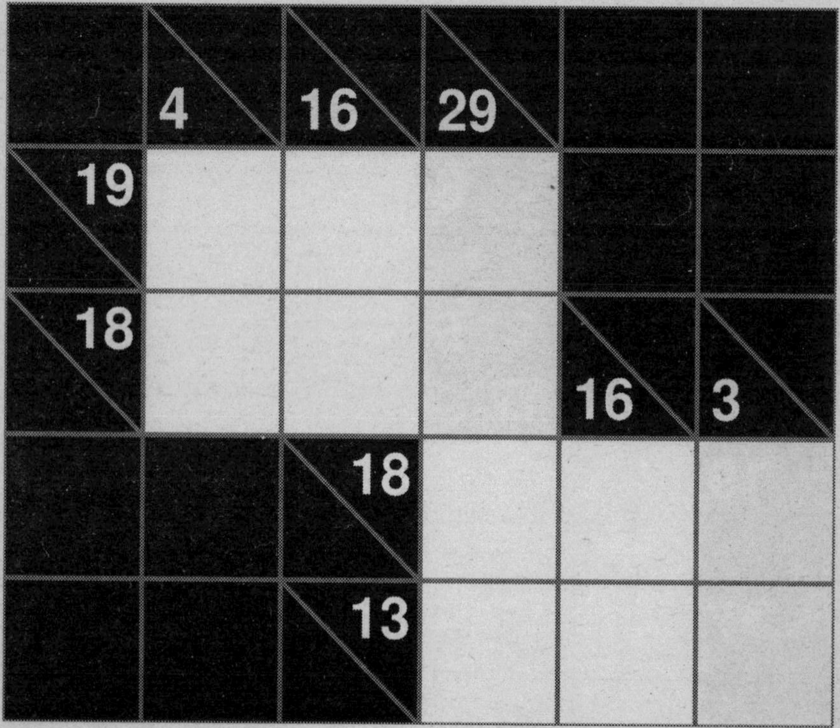

	4	16	29		
19					
18				16	3
		18			
		13			

11

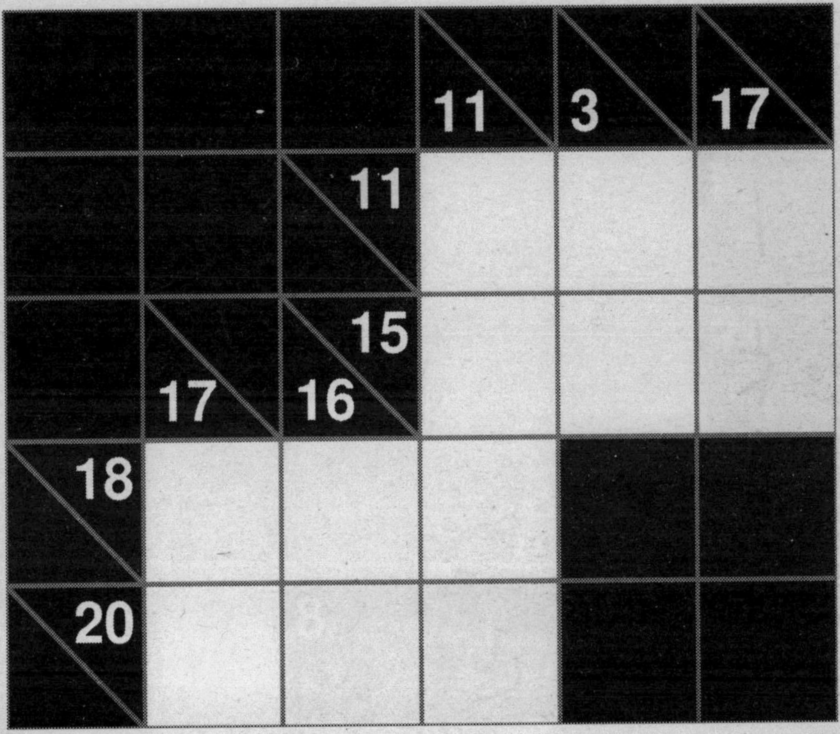

■	■	■	11\	3\	17\
■	■	\11			
■	17\	16\15			
\18				■	■
\20				■	■

12

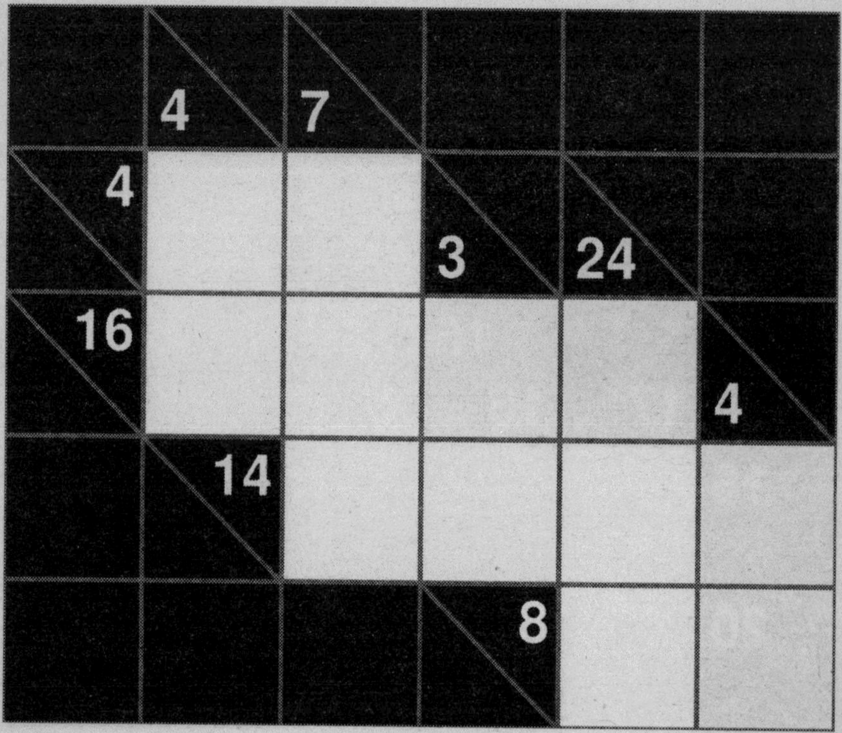

	4	7			
4			3	24	
16					4
	14				
			8		

13

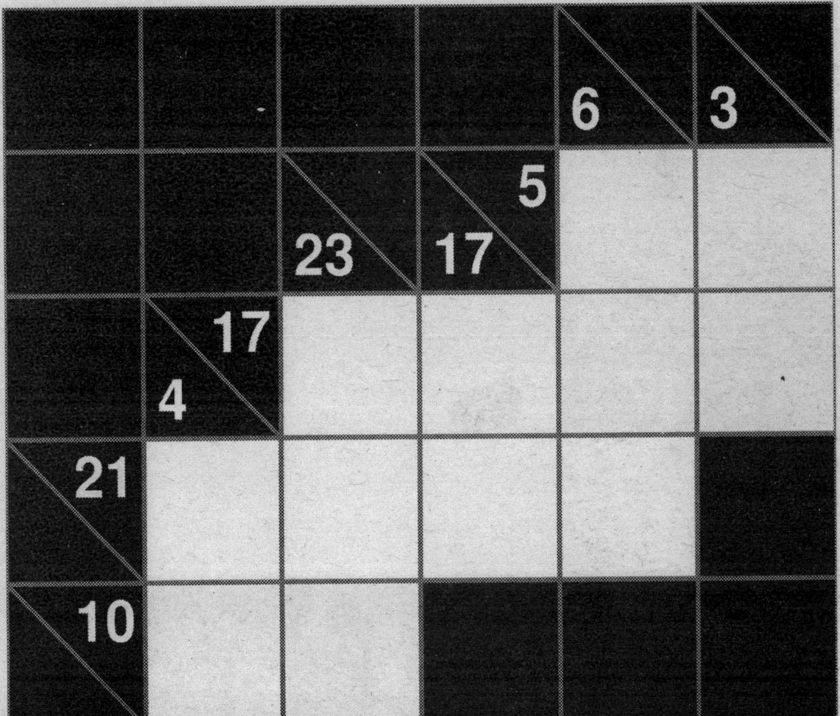

				6 \	3 \
		23 \	17 \ 5		
	4 \ 17				
\ 21					
\ 10					

14

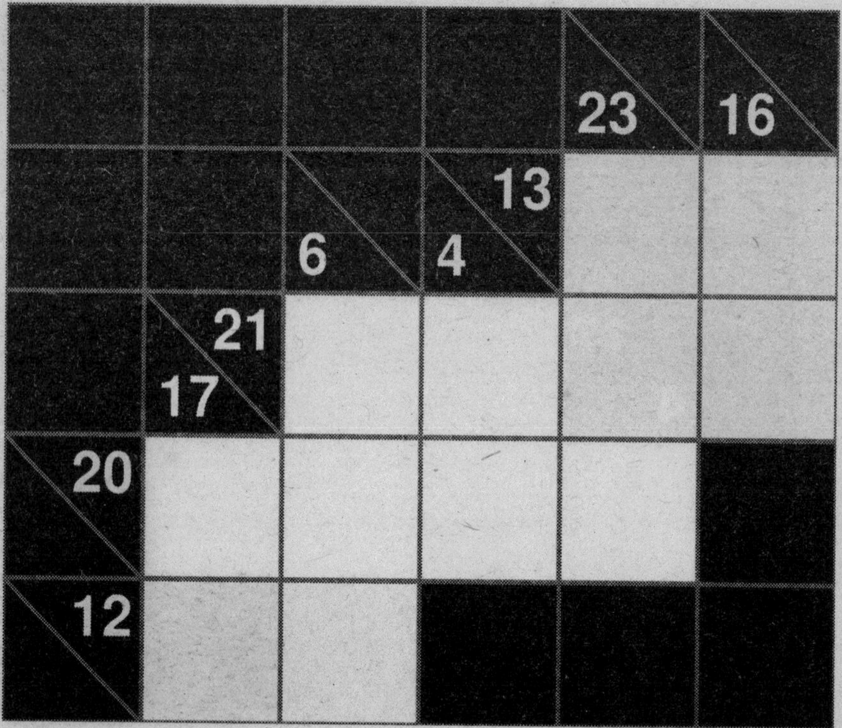

				23	16
		6	4 \ 13		
	17 \ 21				
20					
12					

15

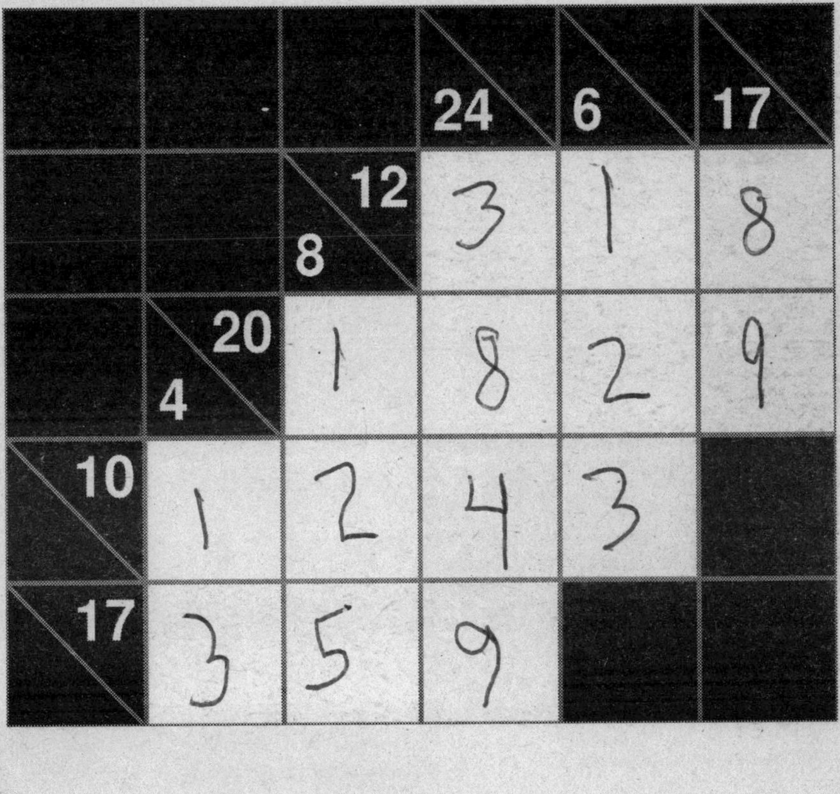

			24 \	6 \	17 \
		8 \ 12			
	4 \ 20				
\ 10					
\ 17					

16

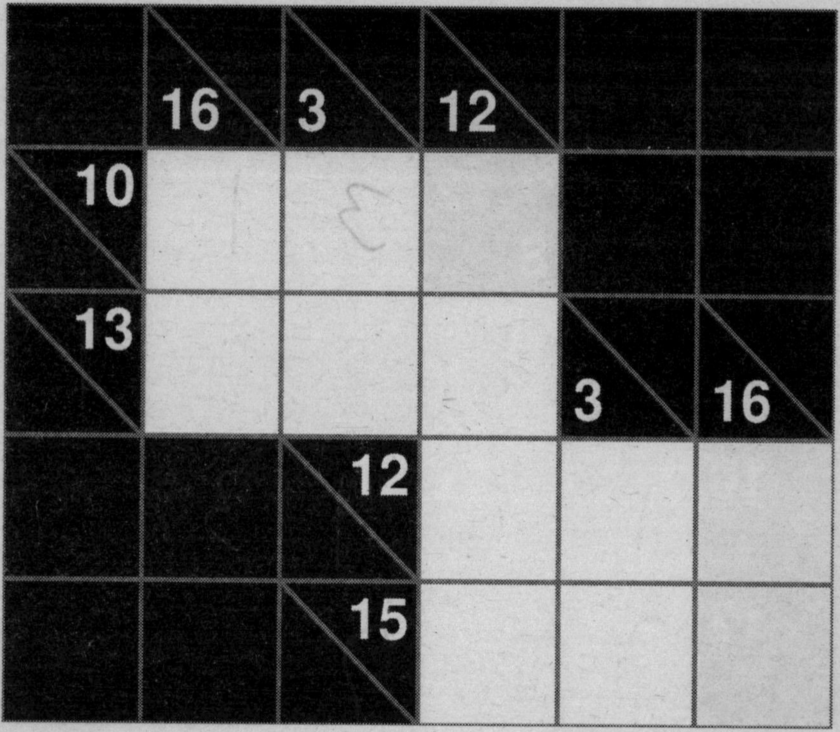

	16	3	12		
10					
13				3	16
		12			
		15			

17

				24	6
	7	24	3 \ 11	9	2
23	4	9	2	7	1
21	2	7	1	8	3
9	1	8			

18

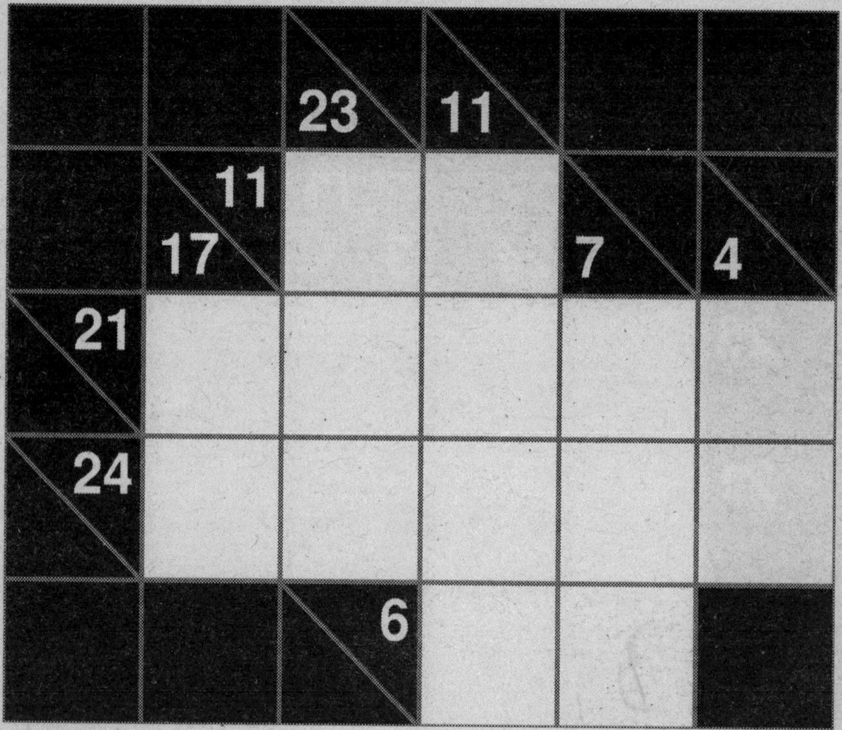

■	■	23\	11\	■	■
■	17\11			7\	4\
\21					
\24					
■	■	\6			■

19

■	■	■	11\	7\	■
■	17\	24\5			4\
\22					
\27					
■	\9			■	■

20

■	■	■	30\	23\	3\
■	■	7\17			
■	16\22				
\25					■
\15				■	■

21

				8\	23\
	24\	7\	16\12	□	□
\30	□	□	□	□	□
\28	□	□	□	□	□
\8	□	□			

22

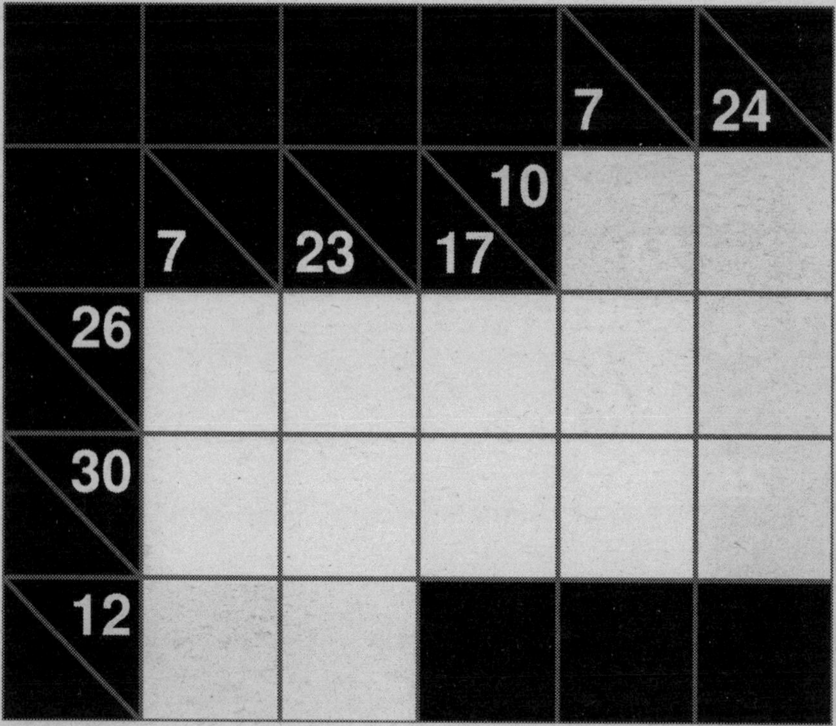

■	■	■	■	7 \	24 \
■	7 \	23 \	17 \ 10		
\ 26					
\ 30					
\ 12			■	■	■

23

■	■	■	11↓	7↓	4↓
■	■	23\6			
■	17\17				
19→					■
20→				■	■

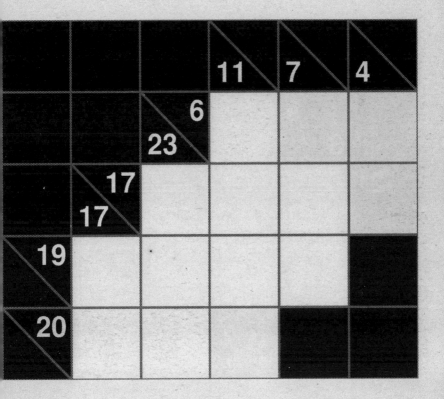

24

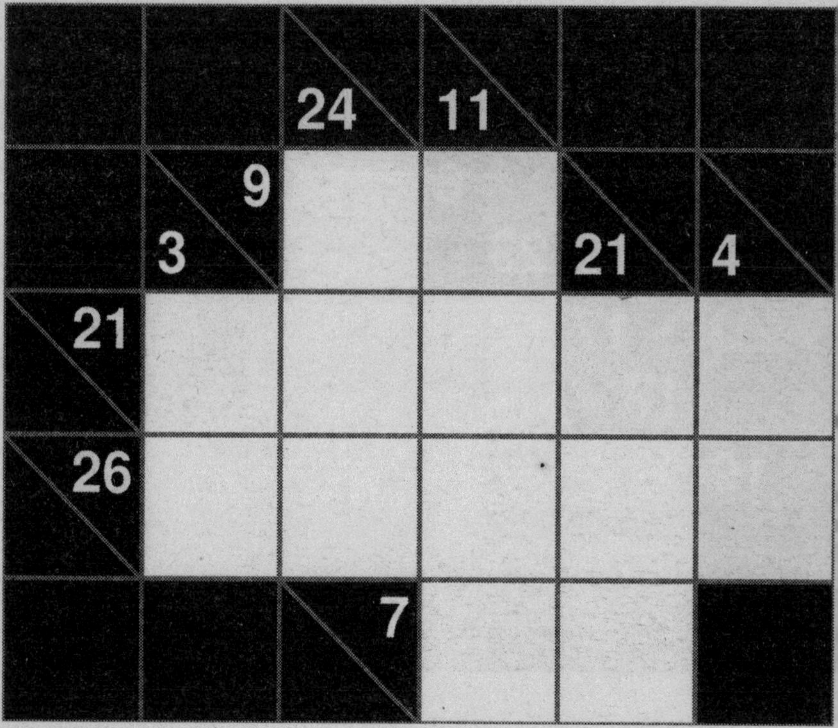

		24\	11\		
	3\9			21\	4\
\21					
\26					
		\7			

25

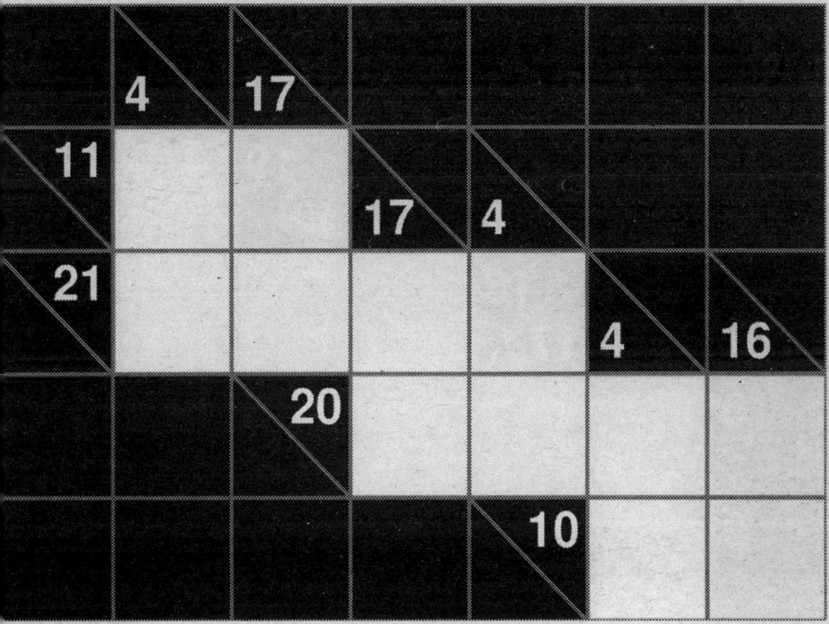

■	4\	17\	■	■	■	■
\11			17\	4\	■	■
\21					4\	16\
■	■	\20				
■	■	■	■	\10		

26

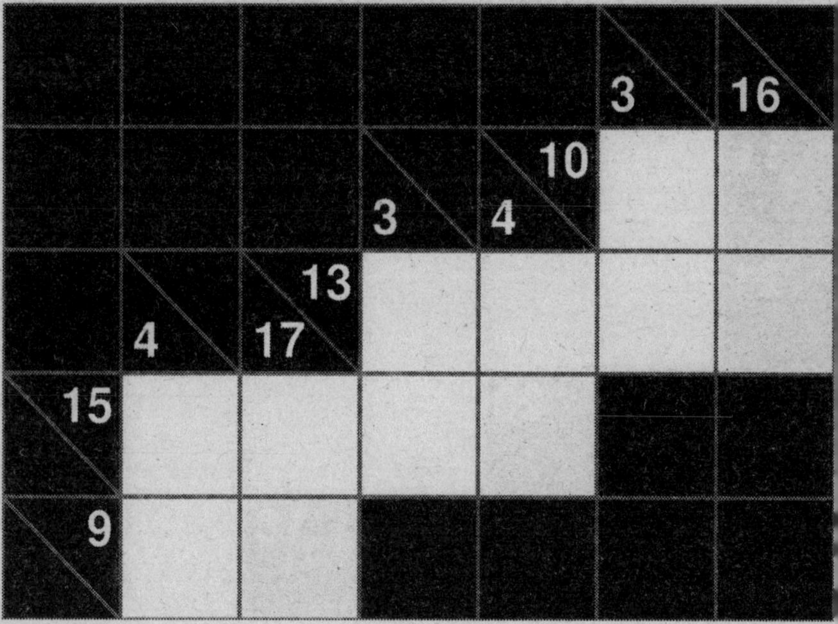

■	■	■	■	■	3\	16\
■	■	■	3\	4\10		
■	4\	17\13				
\15					■	■
\9			■	■	■	■

27

■	16\	4\	7\	■	■	■
\11				6\	■	■
\16					17\	16\
■	■	\20				
■	■	■	\19			

28

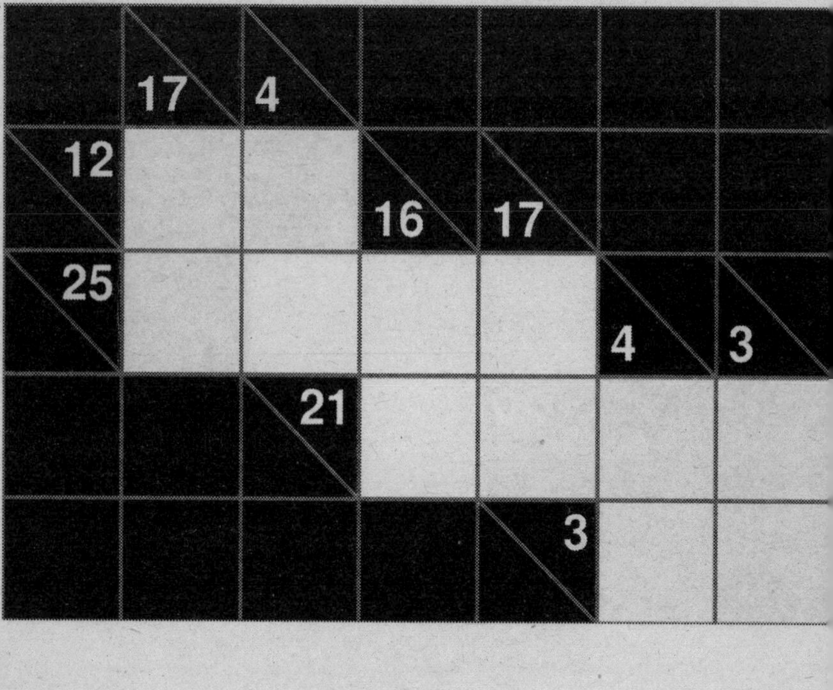

	17	4				
12			16	17		
25					4	3
		21				
				3		

29

■	■	■	■	■	17\	16\
■	■	■	4\	16\16		
■	3\	16\27				
\19					■	■
\10			■	■	■	■

30

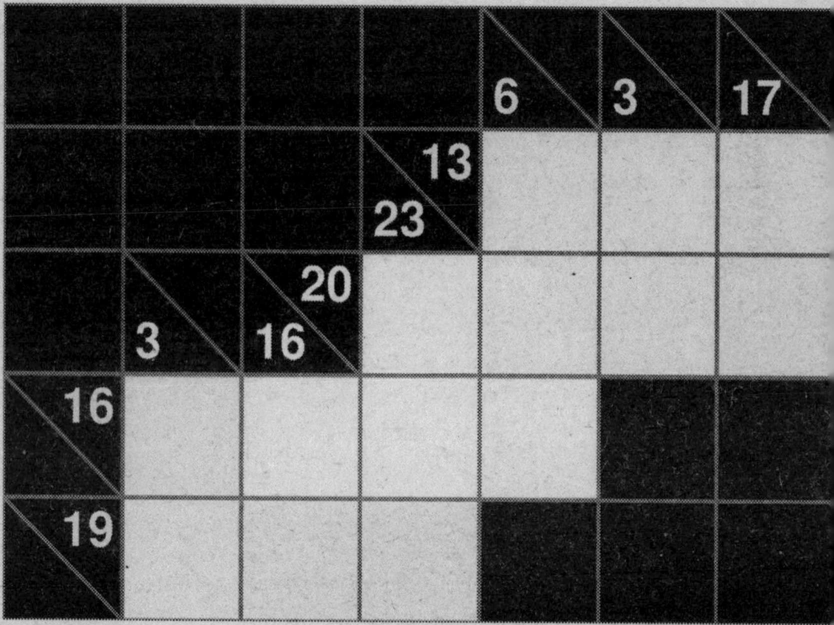

■	■	■	■	6\	3\	17\
■	■	■	23\13			
■	3\	16\20				
\16					■	■
\19				■	■	■

31

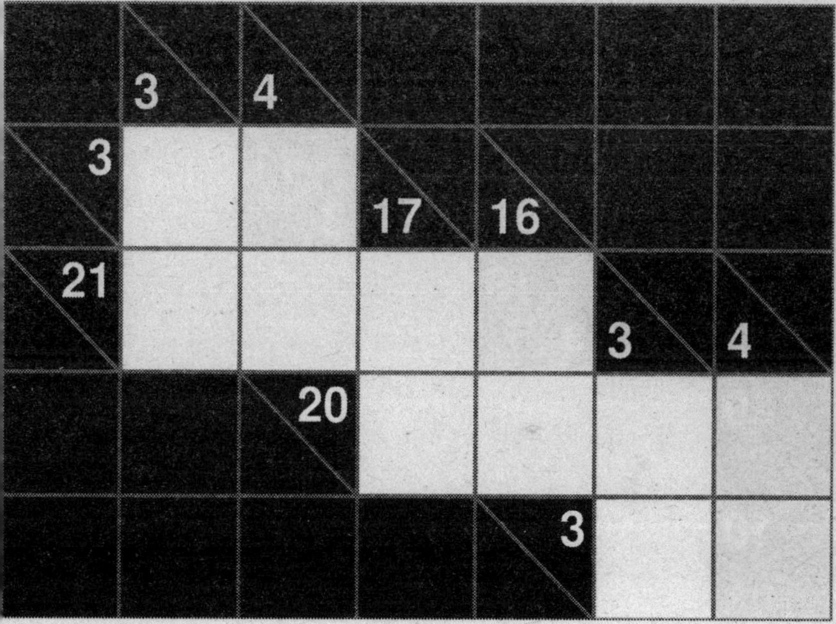

■	3\	4\	■	■	■	■
\3			17\	16\	■	■
\21					3\	4\
■	■	\20				
■	■	■	■	\3		

32

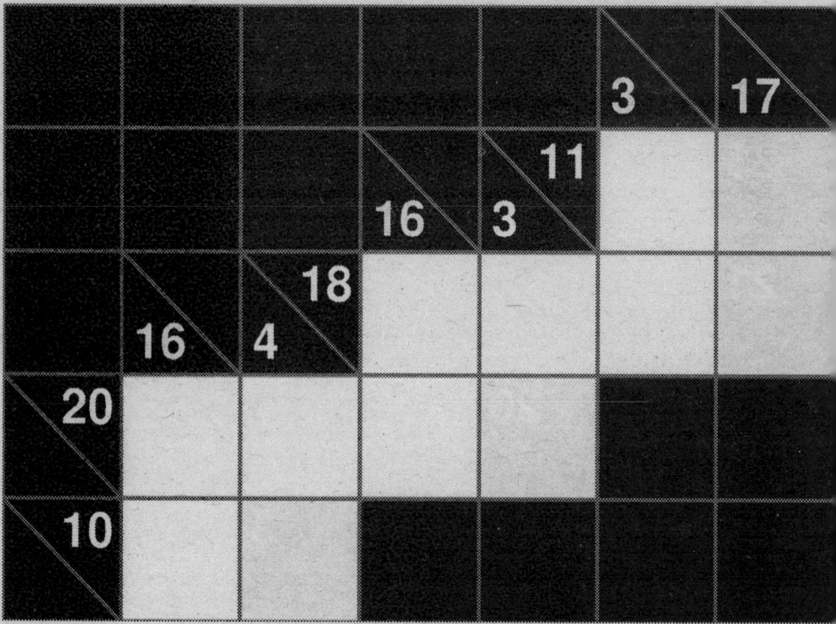

■	■	■	■	■	3\	17\
■	■	■	16\	3\11		
■	16\	4\18				
\20					■	■
\10			■	■	■	■

33

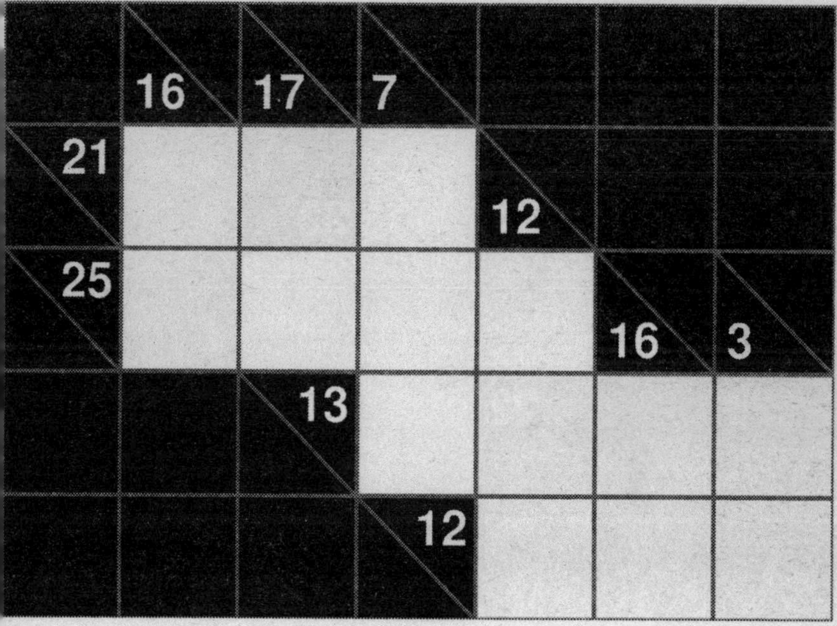

■	↓16	↓17	↓7	■	■	■
21→				↓12	■	■
25→					↓16	↓3
■	■	13→				
■	■	■	12→			

34

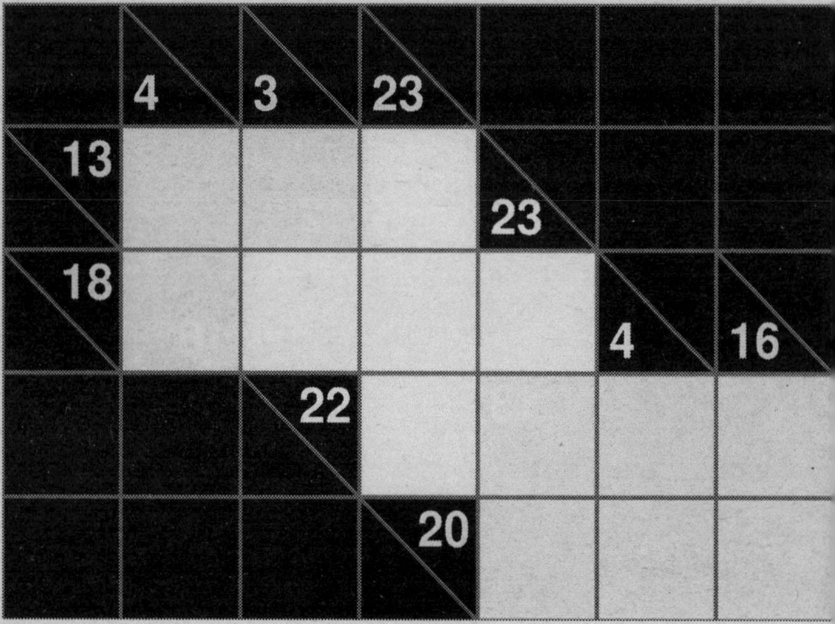

■	4\	3\	23\	■	■	■
\13				23\	■	■
\18					4\	16\
■	■	\22				
■	■	■	\20			

35

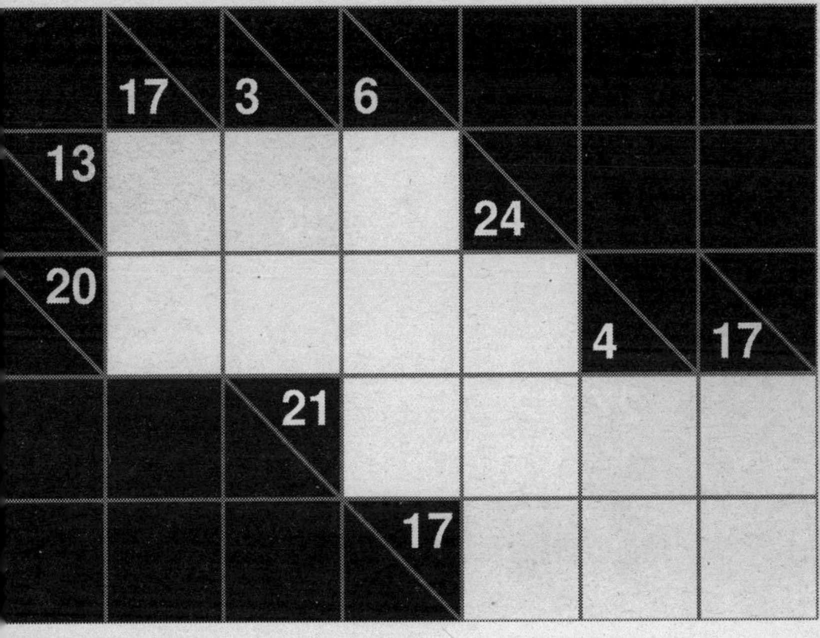

	17	3	6			
13				24		
20					4	17
		21				
			17			

36

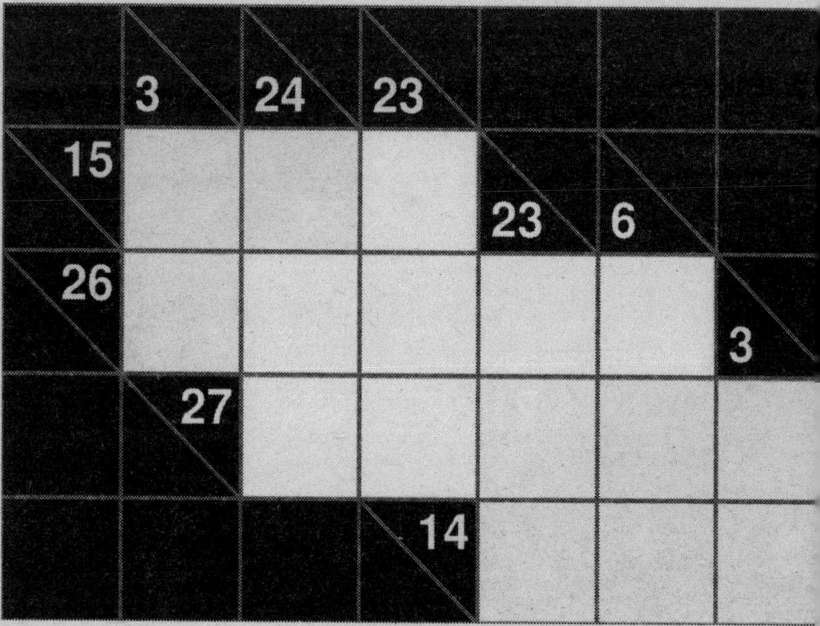

	3	24	23			
15				23	6	
26						3
	27					
			14			

37

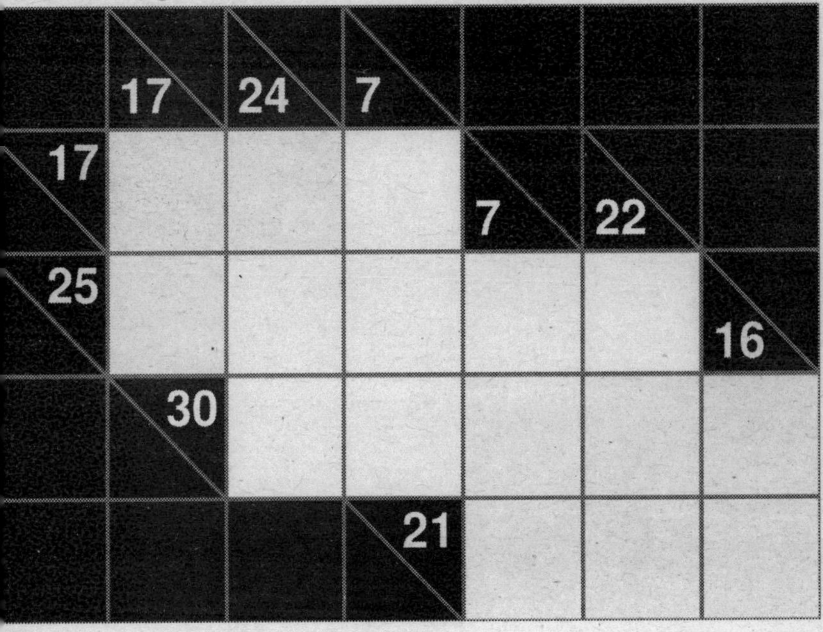

	17	24	7			
17				7	22	
25						16
	30					
			21			

38

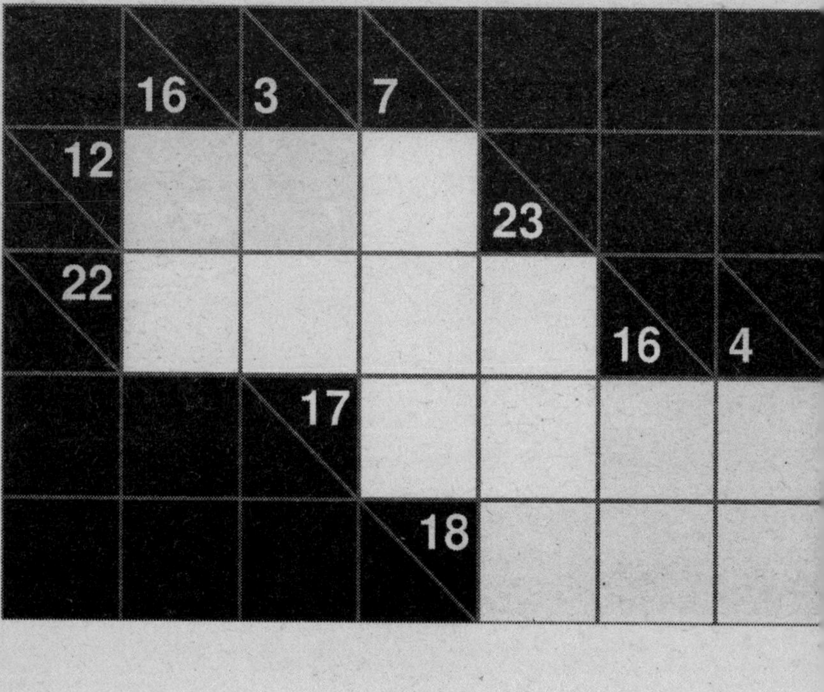

	16	3	7			
12				23		
22					16	4
		17				
			18			

39

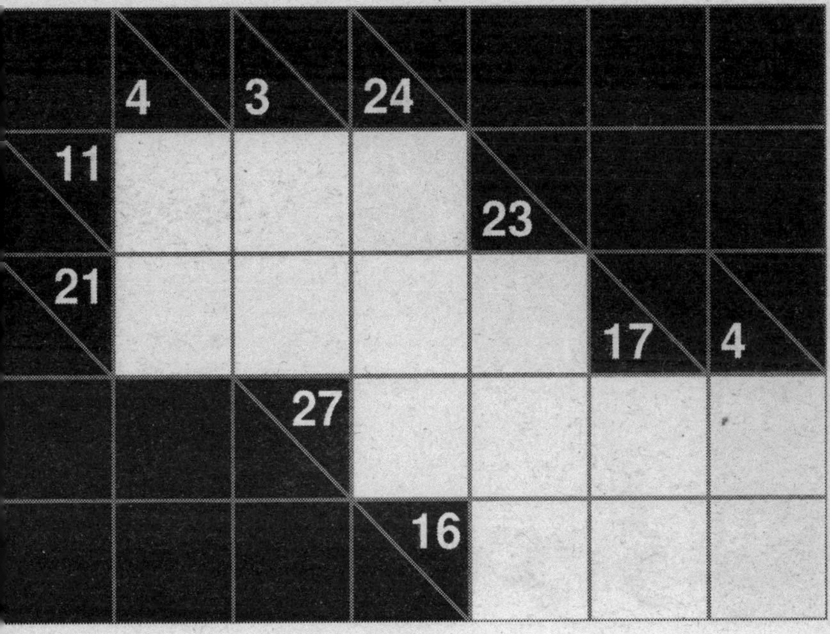

	4	3	24			
11				23		
21					17	4
		27				
			16			

40

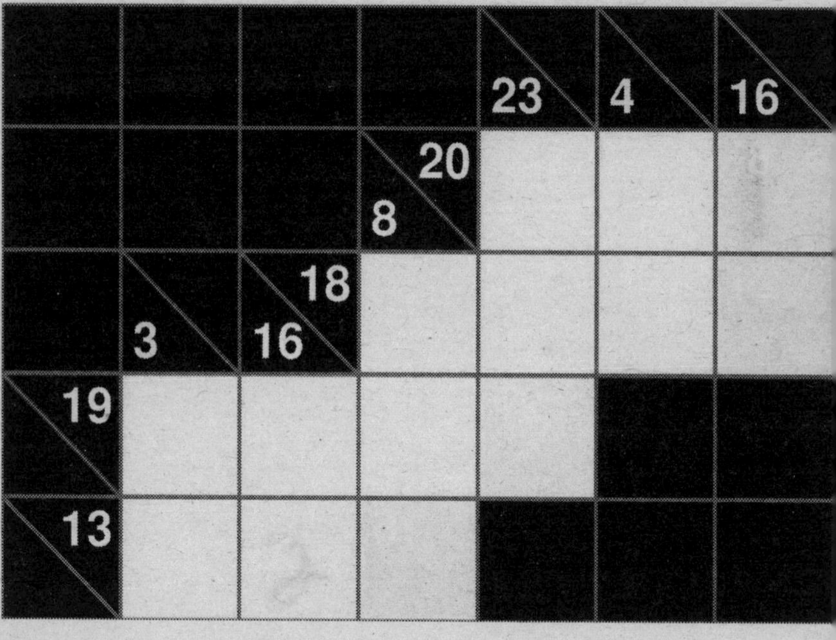

				23	4	16
			8 \ 20			
	3	16 \ 18				
19						
13						

41

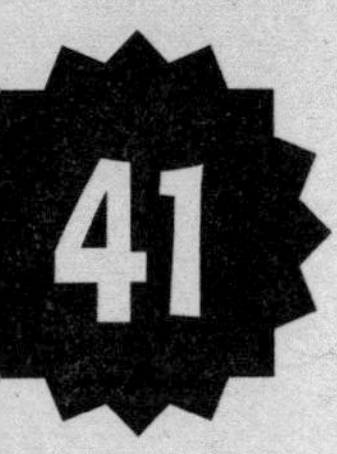

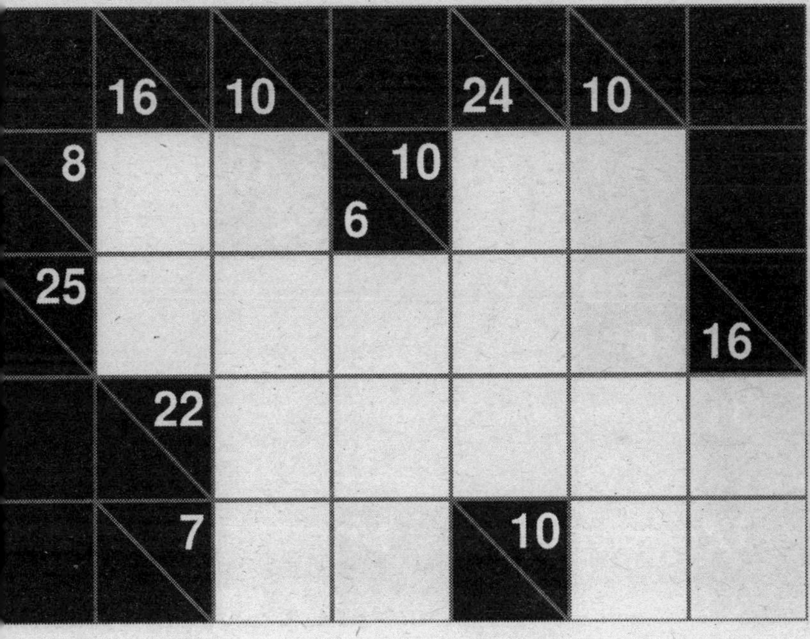

	16\	10\		24\	10\	
\8			6\10			
\25						16\
	\22					
	\7			\10		

42

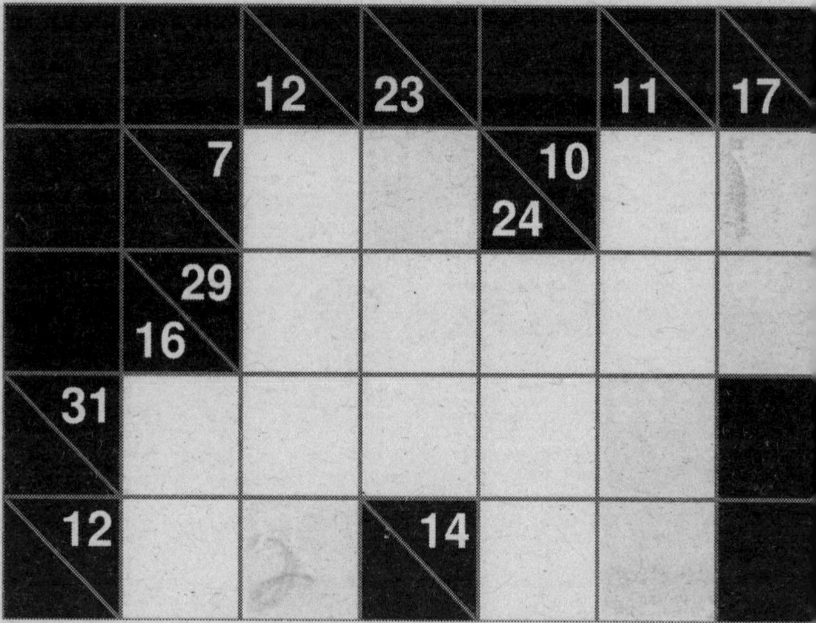

		12	23		11	17
	7			24 \ 10		
	16 \ 29					
31						
12			14			

43

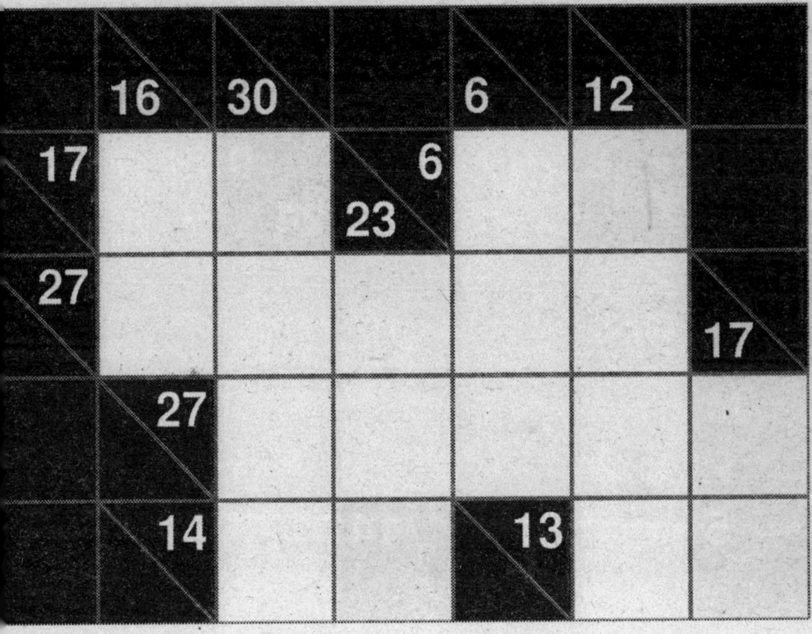

■	16↓	30↓	■	6↓	12↓	■
17→			6↓ 23→			■
27→						17↓
■	27→					
■	14→			13→		

44

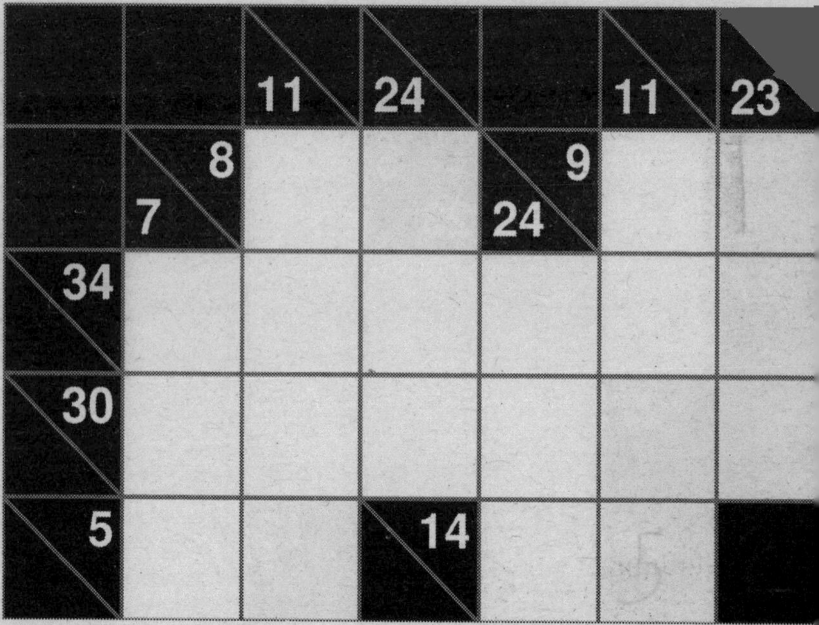

■	■	11\	24\	■	11\	23\
■	7\8			24\9		
\34						
\30						
\5			\14			■

45

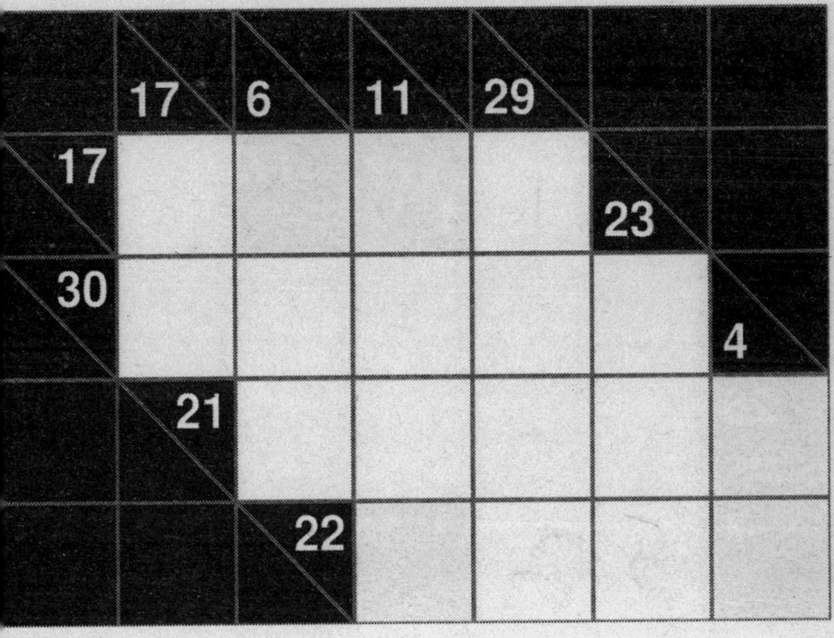

	17	6	11	29		
17					23	
30						4
	21					
		22				

46

	28\	10\			29\	25\
\10			4\	3\17		
\32						
\26						
\7				\7		

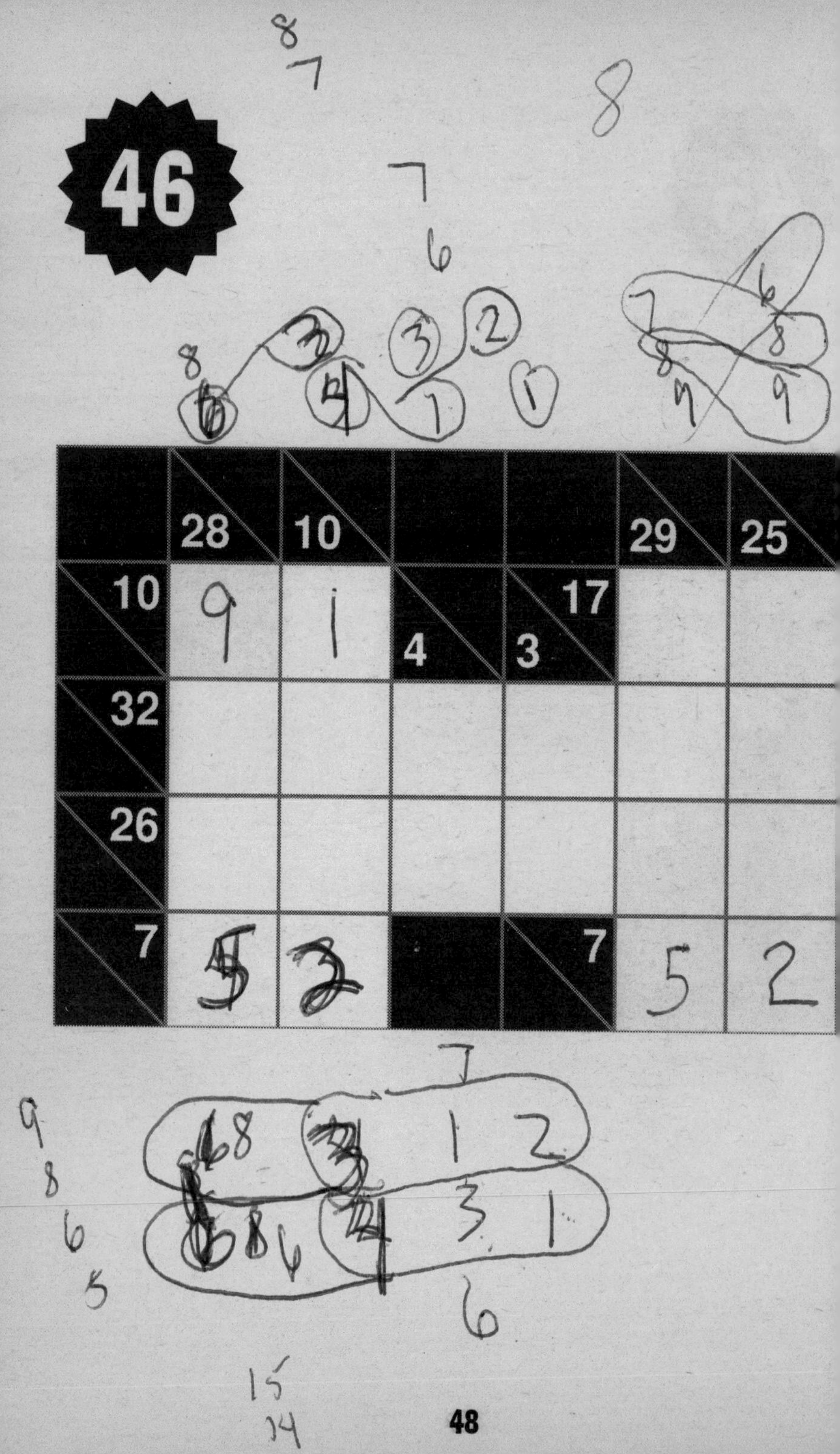

47

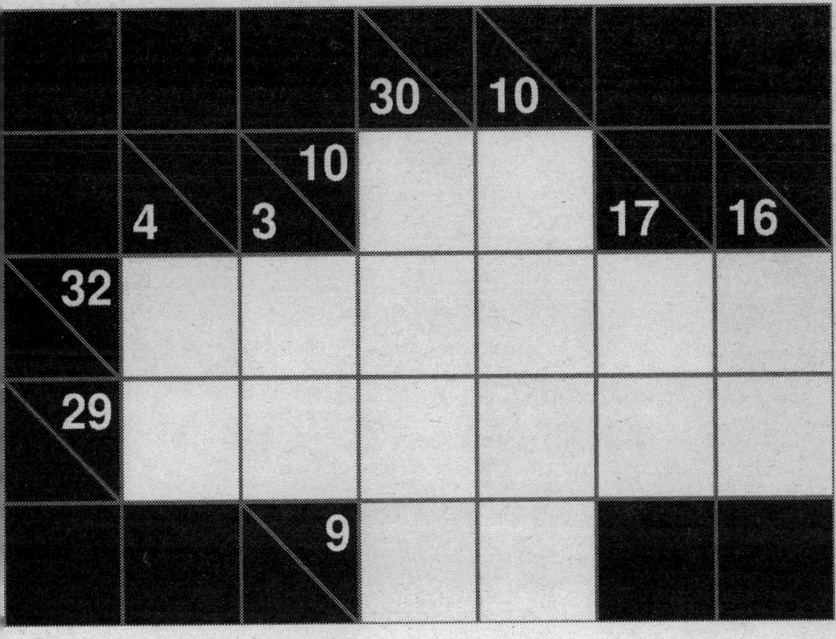

■	■	■	30\	10\	■	■
■	4\	3\10			17\	16\
\32						
\29						
■	■	\9			■	■

48

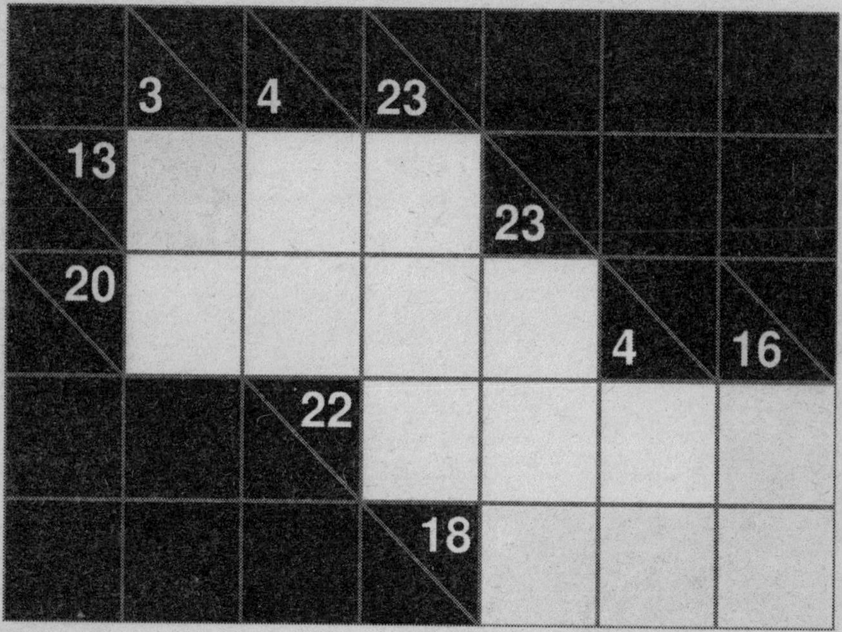

	3	4	23			
13				23		
20					4	16
		22				
			18			

49

■	■	■	17\	29\	■
■	16\	10\16			■
\28					4\
\11			16\6		
■	\21				
■	\10			■	■

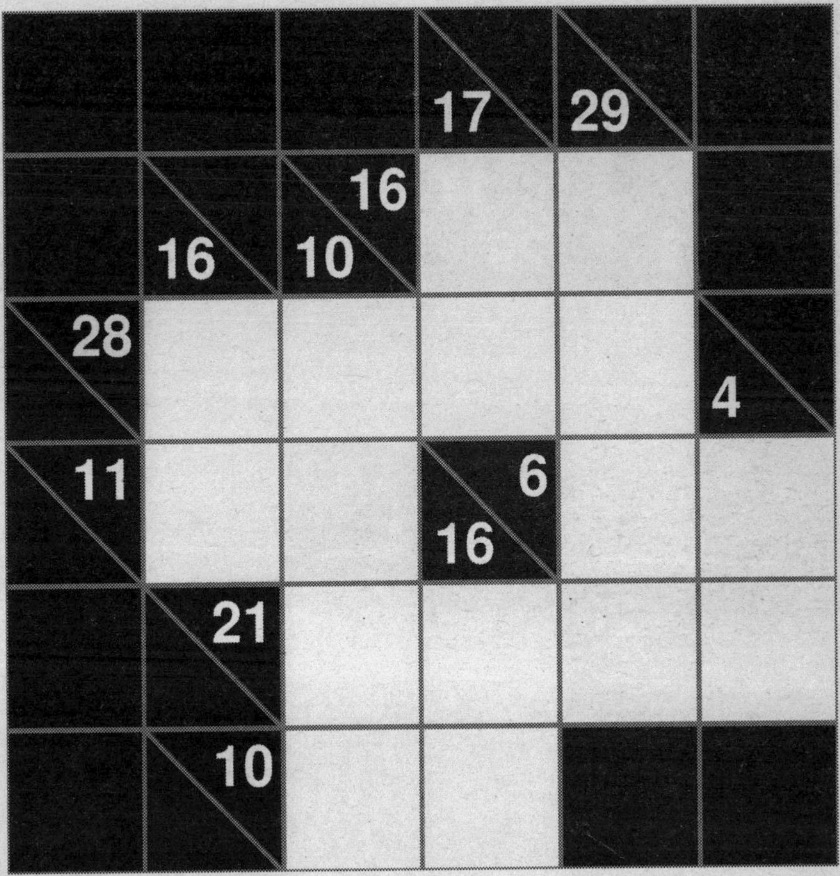

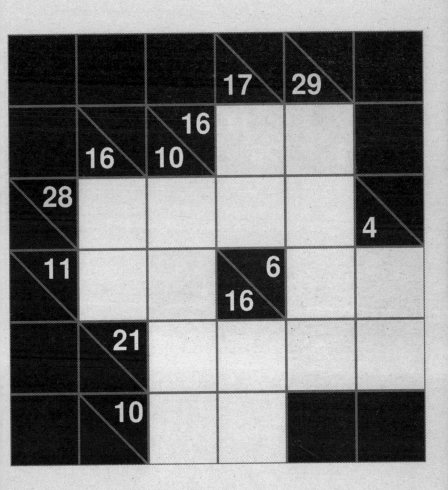

50

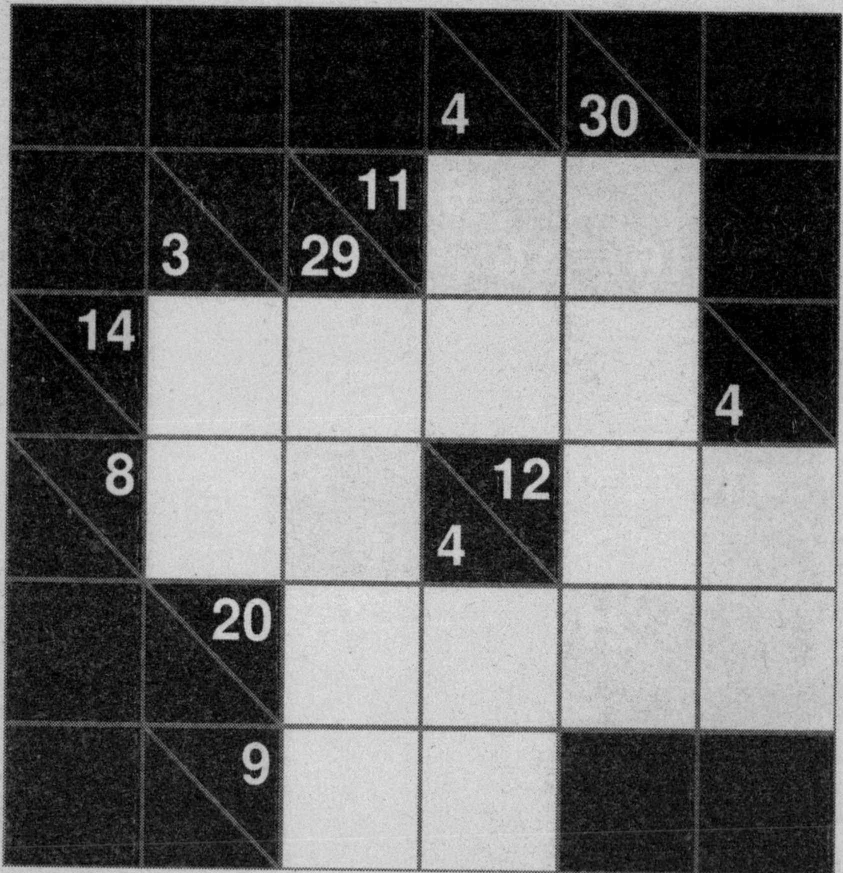

			4	30	
	3	11 29			
14					4
8			12 4		
	20				
	9				

51

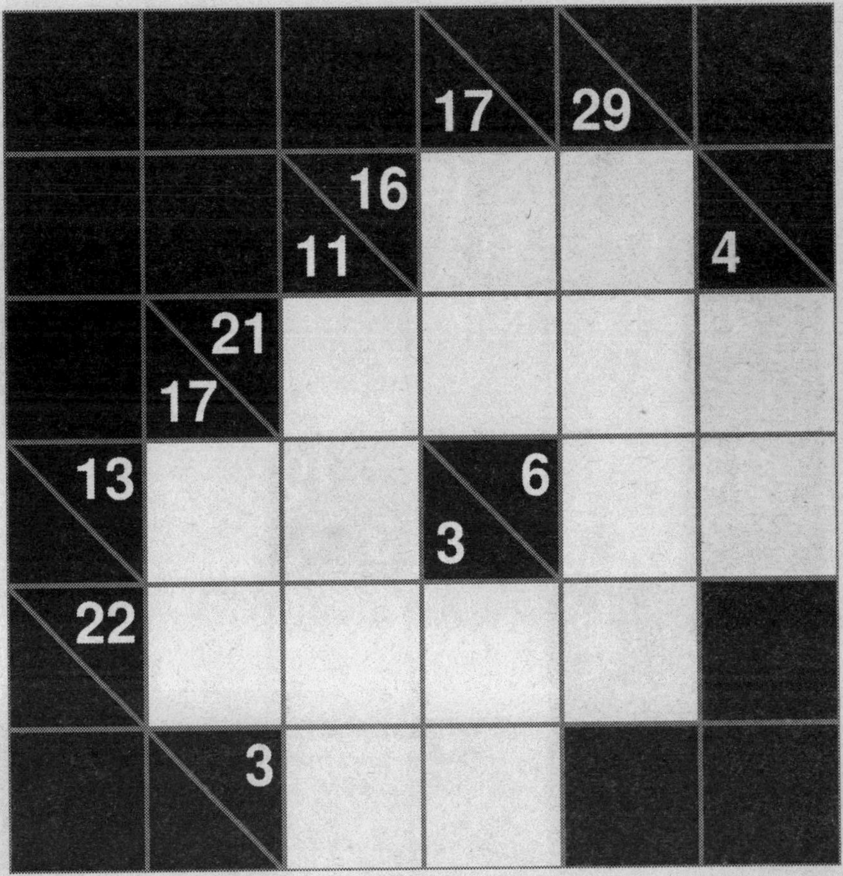

■	■	■	17\	29\	■
■	■	11\16			4\
■	17\21				
\13			3\6		
\22					■
■	\3			■	■

52

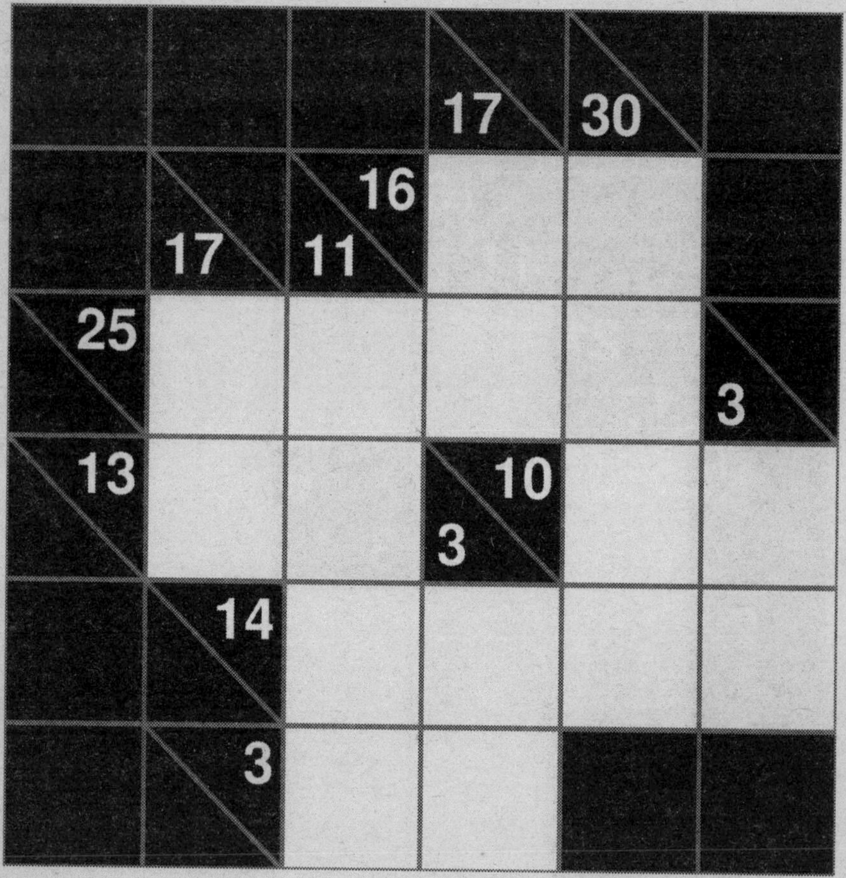

■	■	■	17\	30\	■
■	17\	11\16			■
\25					3\
\13			3\10		
■	\14				
■	\3			■	■

53

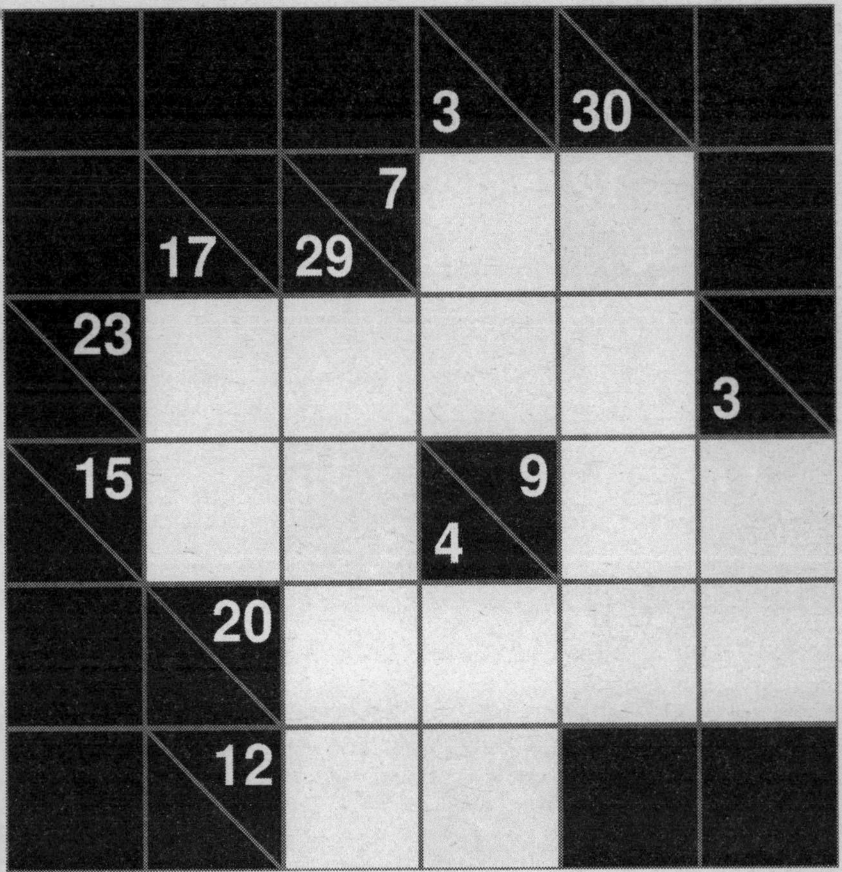

			3\	30\	
	17\	29\7			
\23					3\
\15			4\9		
	\20				
	\12				

54

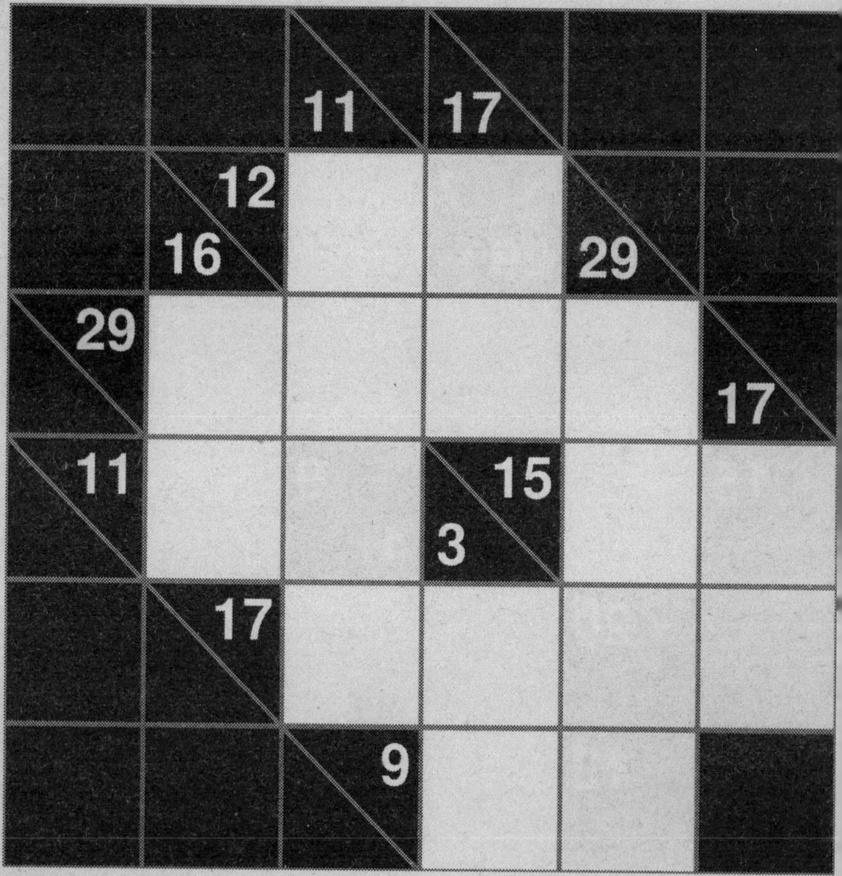

■	■	11 \	17 \	■	■
■	16 \ 12			29 \	■
\ 29					17 \
\ 11			3 \ 15		
■	\ 17				
■	■	\ 9			■

55

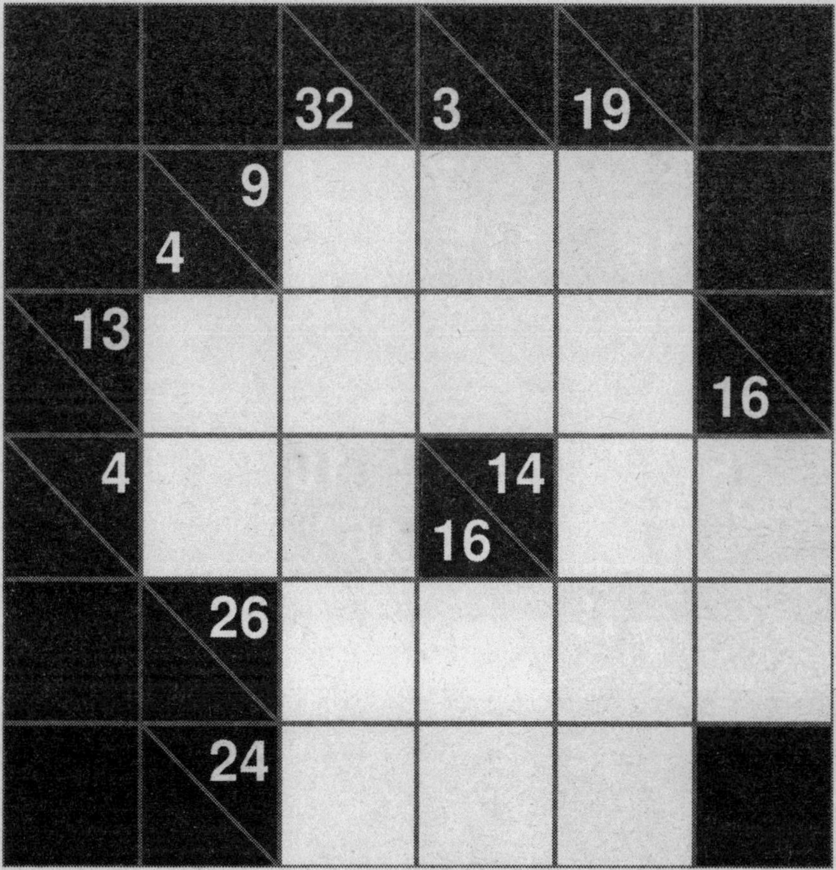

■	■	32\	3\	19\	■
■	4\9				■
\13					16\
\4			16\14		
■	\26				
■	\24				■

56

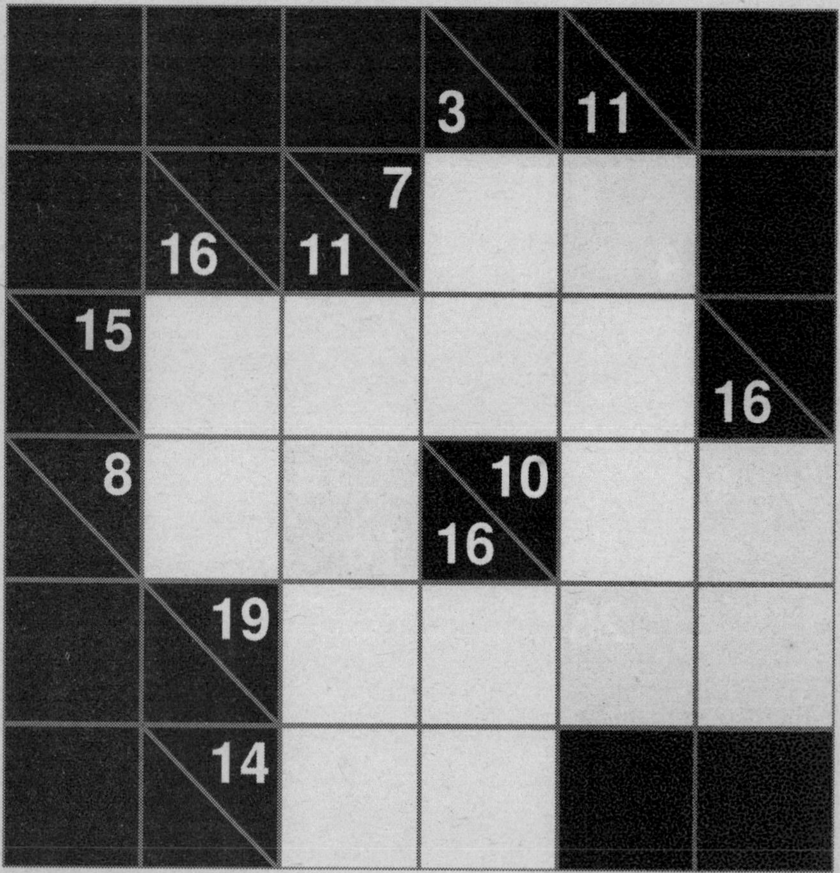

■	■	■	3 \	11 \	■
■	16 \	11 \ 7			■
\ 15					16 \
\ 8			16 \ 10		
■	\ 19				
■	\ 14			■	■

57

■	■	29\	16\	18\	■
■	3\14				■
\22					17\
\4			3\16		
■	\23				
■	\7				■

58

■	■	11\	17\	■	■
■	4\10			30\	■
\23					16\
\3			3\17		
■	\21				
■	■	\7			■

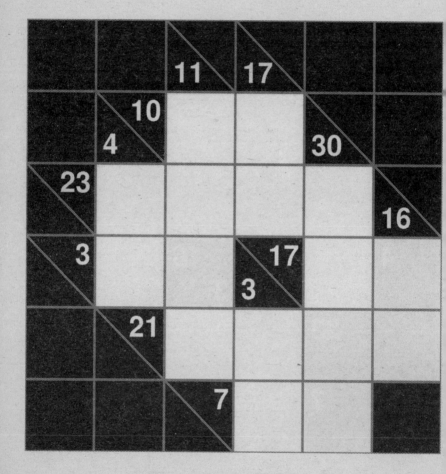

59

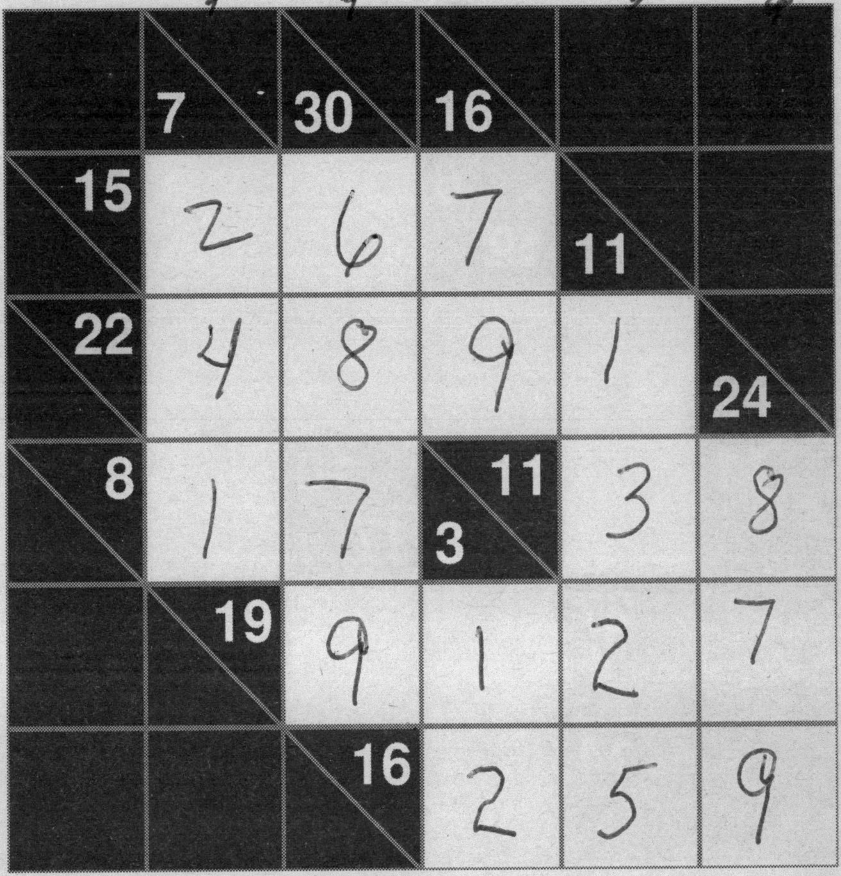

	7\	30\	16\		
\15				11\	
\22					24\
\8			3\11		
	\19				
		\16			

60

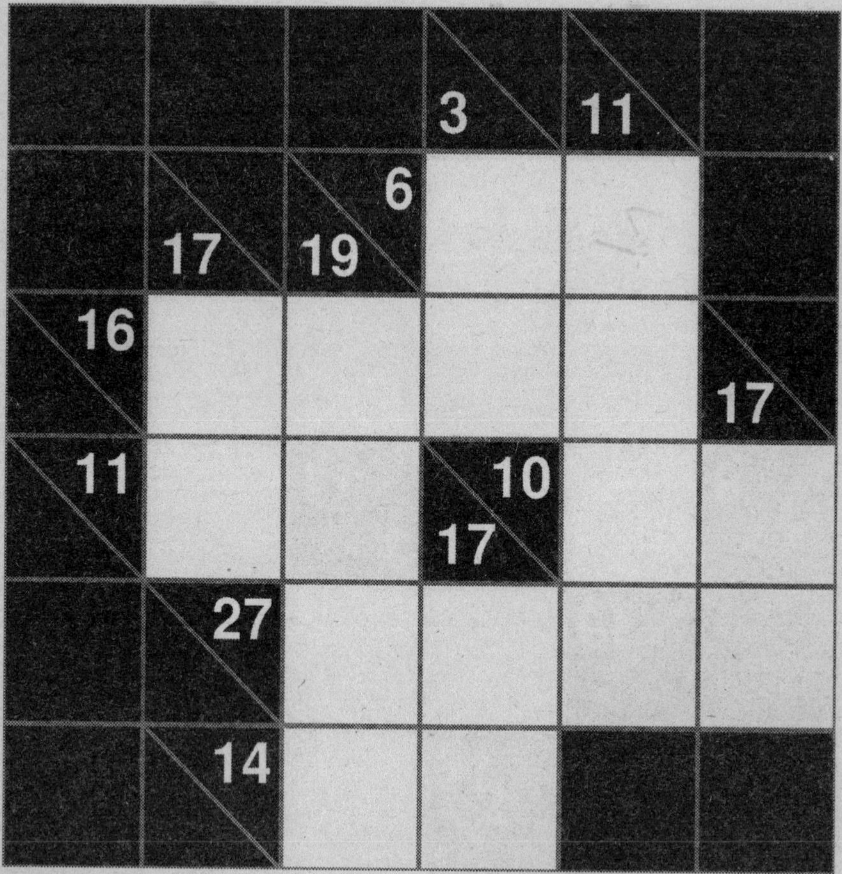

■	■	■	↓3	↓11	■
■	↓17	↓19 →6			■
→16					↓17
→11			↓17 →10		
■	→27				
■	→14			■	■

61

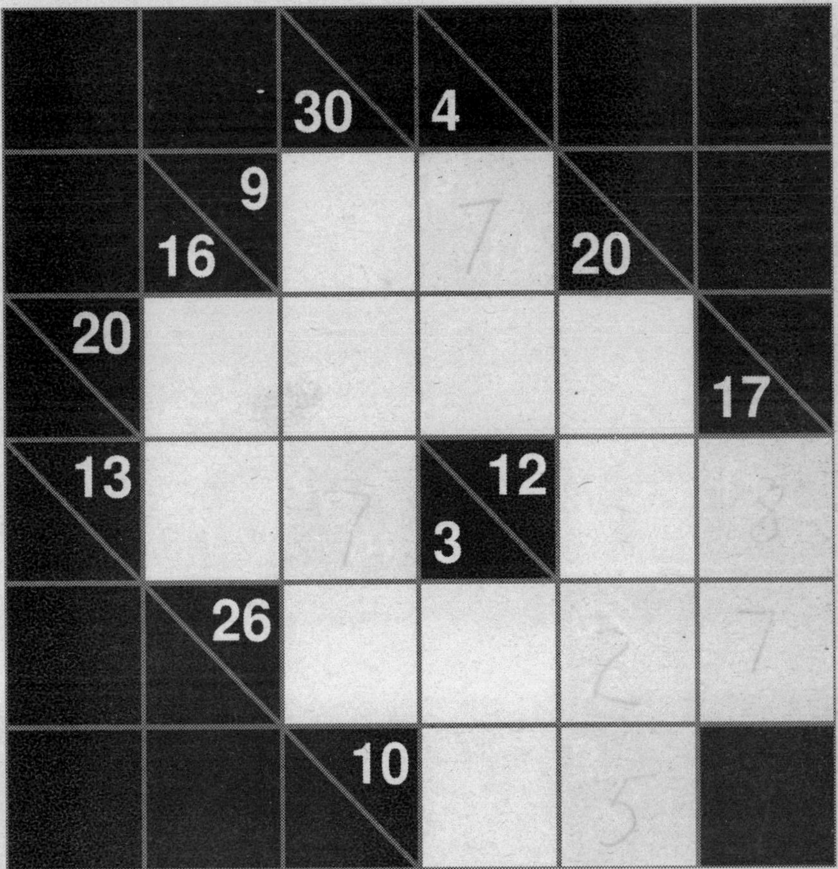

■	■	30\	4\	■	■
■	16\9			20\	■
\20					17\
\13			3\12		
■	\26				
■	■	\10			■

62

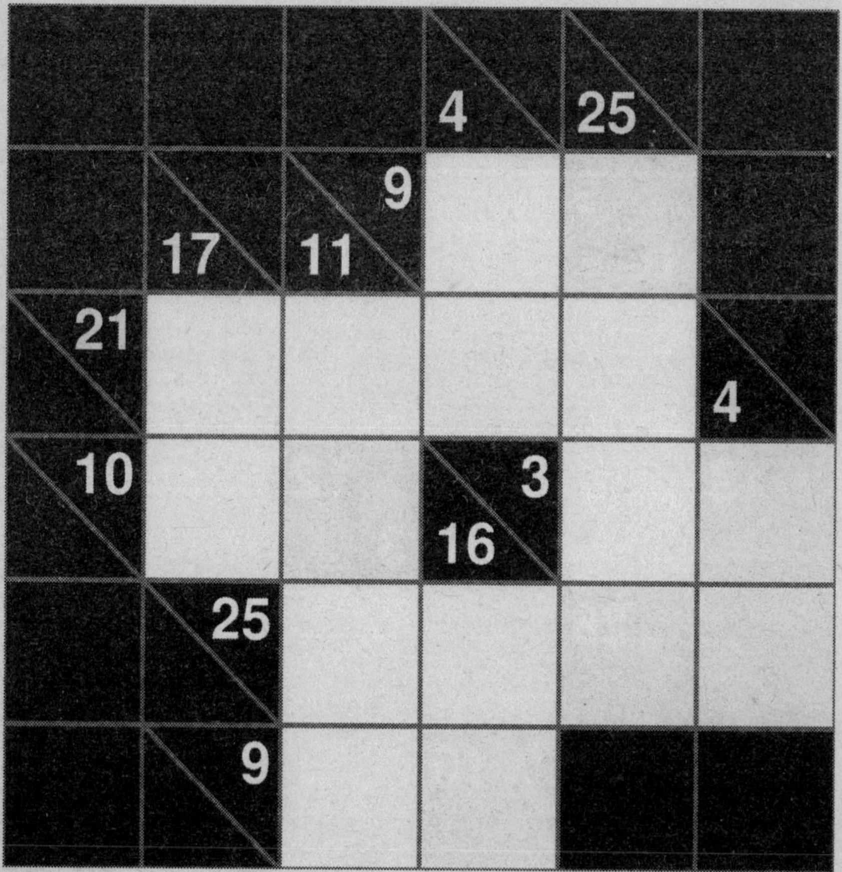

black	black	black	↓4	↓25	black
black	↓17	↓11 →9			black
→21					↓4
→10			↓16 →3		
black	→25				
black	→9			black	black

63

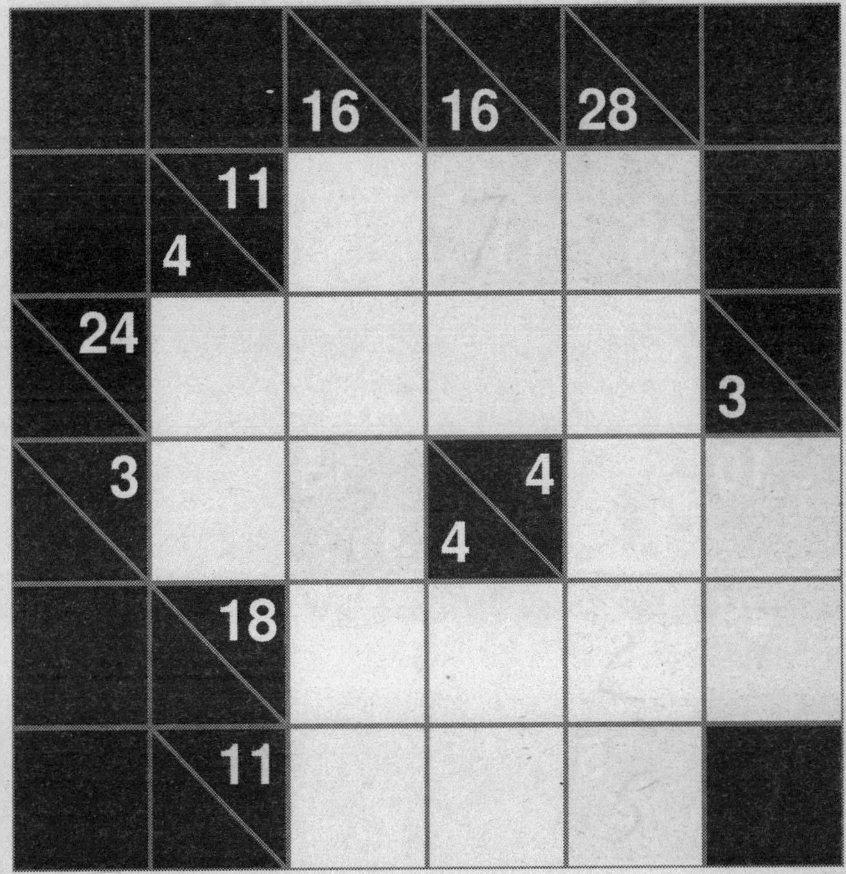

■	■	16\	16\	28\	■
■	4\11				■
\24					3\
\3			4\4		
■	\18				
■	\11				■

64

■	■	■	4\	29\	■
■	23\	11\12			23\
\22					
\10			3\15		
\29					
■	\5			■	■

65

■	■	■	17\	11\	30\
■	25\	11\21			
\22					
\12			4\10		
\24					
\9				■	■

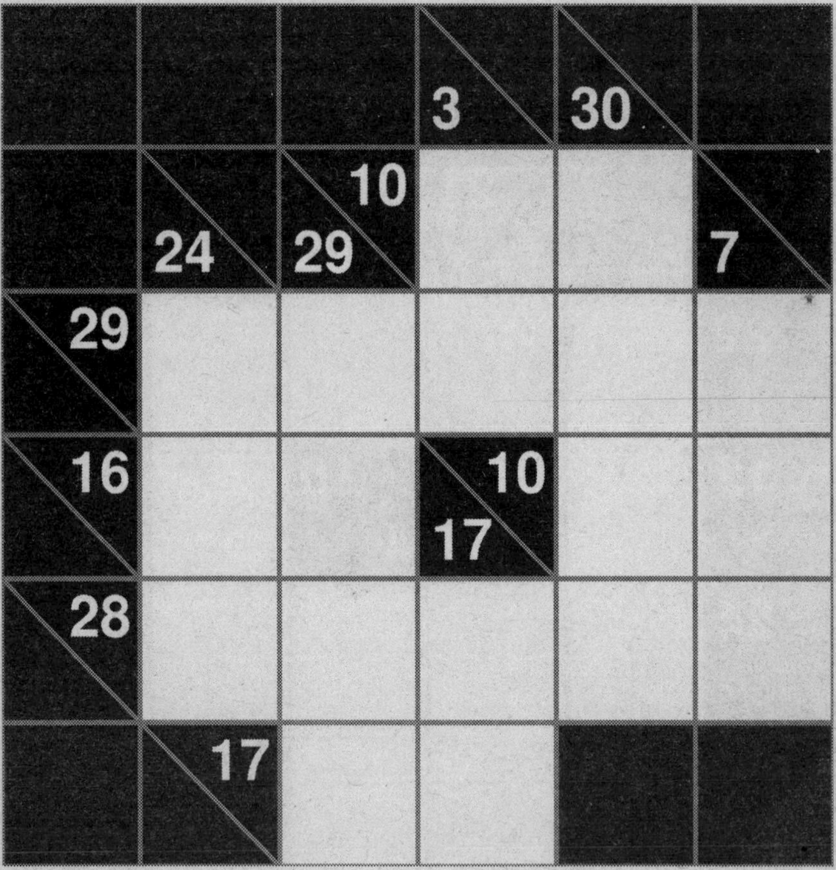

66

■	■	■	3\	30\	■
■	24\	29\10			7\
\29					
\16			17\10		
\28					
■	\17			■	■

67

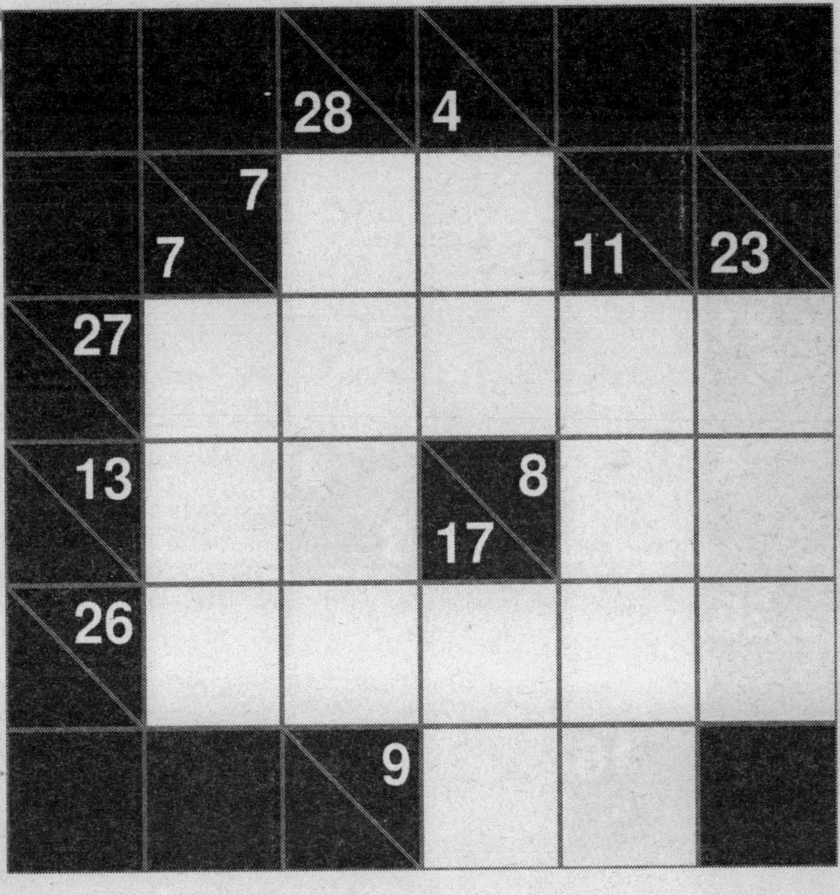

■	■	28\	4\	■	■
■	7\7			11\	23\
\27					
\13			17\8		
\26					
■	■	\9			■

68

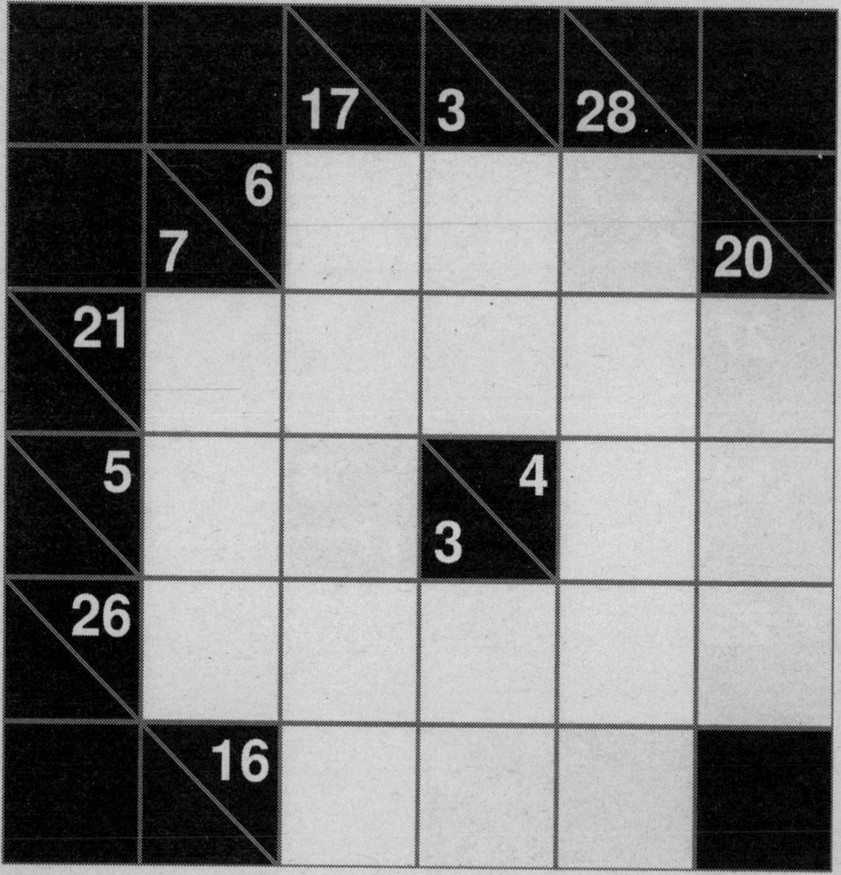

■	■	17\	3\	28\	■
■	7\6				20\
\21					
\5			3\4		
\26					
■	\16				■

69

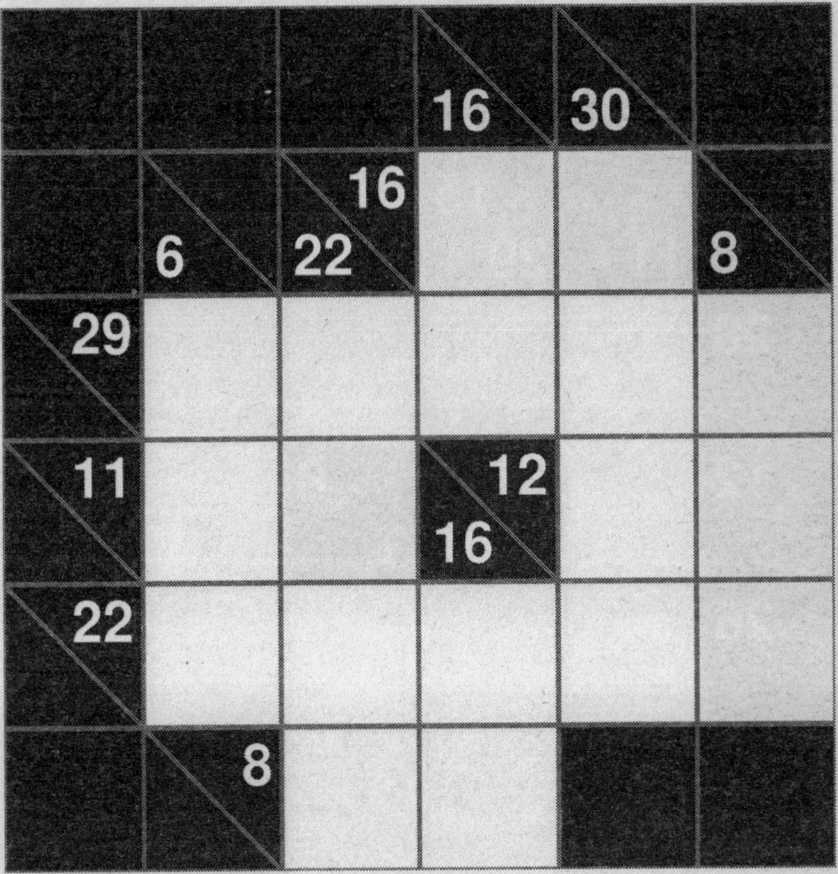

■	■	■	16\	30\	■
■	6\	22\16			8\
\29					
\11			16\12		
\22					
■	\8			■	■

70

■	■	■	17\	29\	10\
■	11\	29\15			
\28					
\12			3\8		
\26					
\10				■	■

	17 \	3 \	15 \	
\ 7				4 \
17 \ 12				
		16 \ 4		
\ 16				

72

■	■	■	■	17 \	16 \
■	■	17 \	11 \ 17		
■	\ 27				
■	\ 11			3 \	■
■	16 \	3 \ 3			■
\ 17					■
\ 8			■	■	■

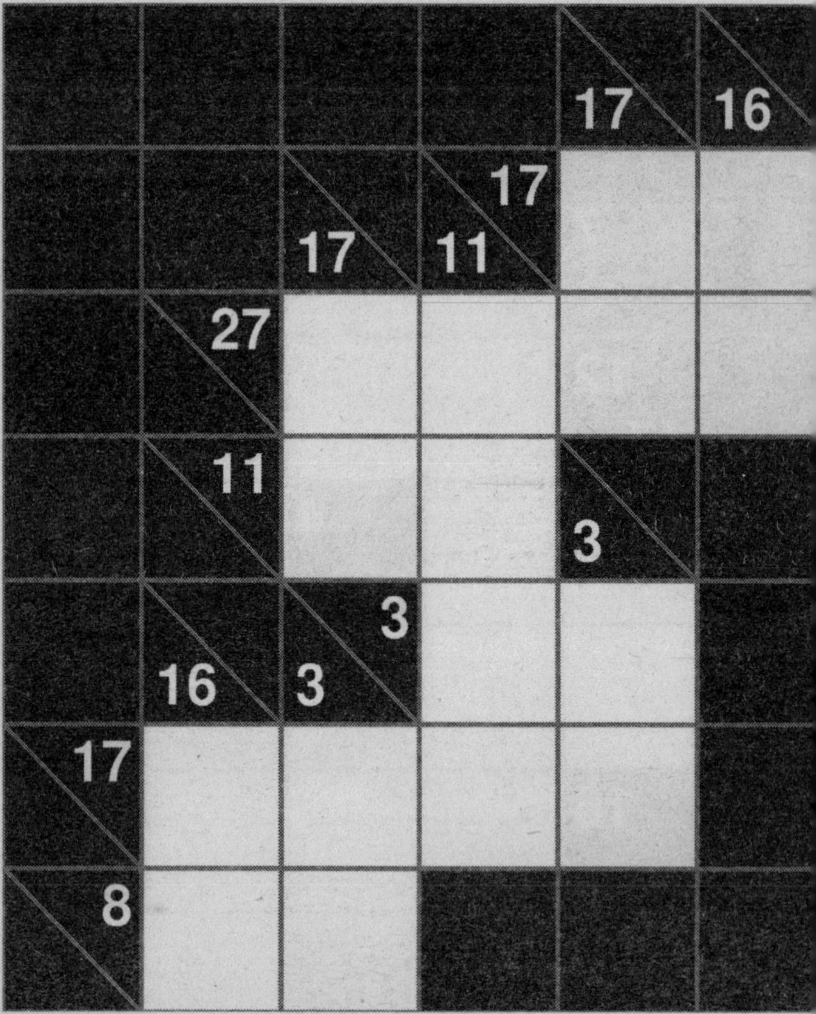

73

■	17↓	16↓	■	7↓	24↓
16→			30↓ 10→		
32→					
■	23↓	6↓ 21→			
14→				3↓	16↓
27→					
11→			11→		

74

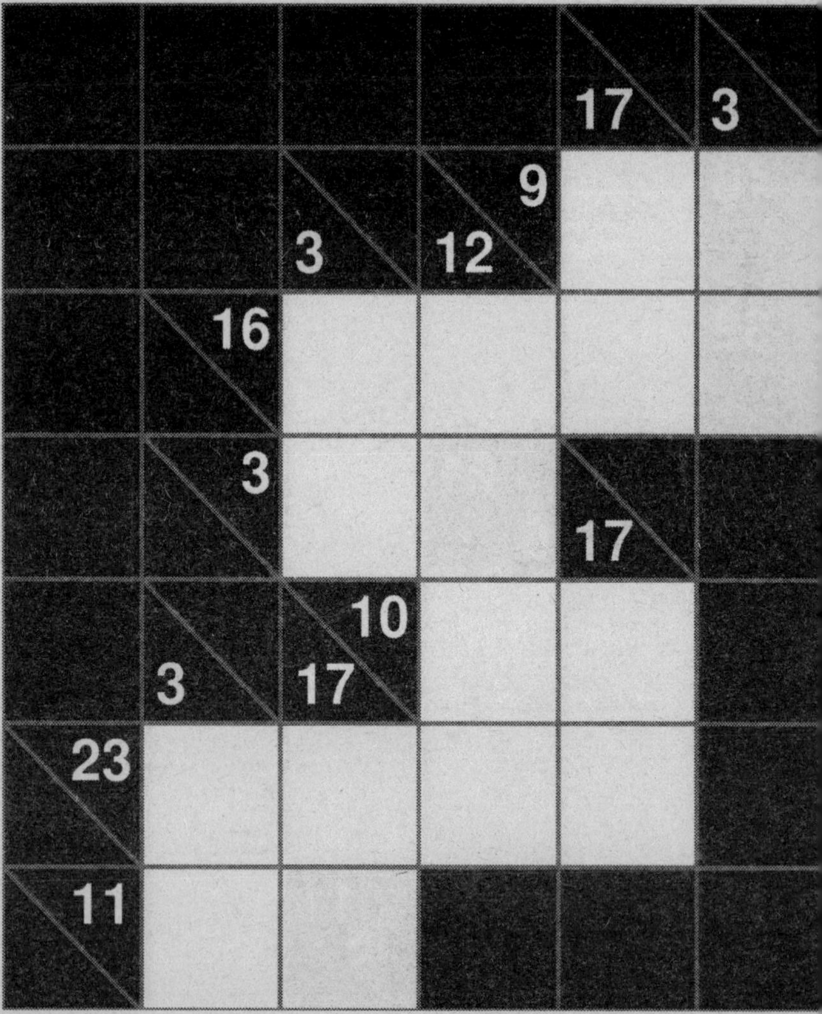

■	■	■	■	17\	3\
■	■	3\	12\9		
■	\16				
■	\3			17\	■
■	3\	17\10			■
\23					■
\11			■	■	■

75

■	16\	3\	■	24\	6\
\9			11\9		
\22					
■	23\	6\12			
\13				16\	3\
\24					
\8			\11		

76

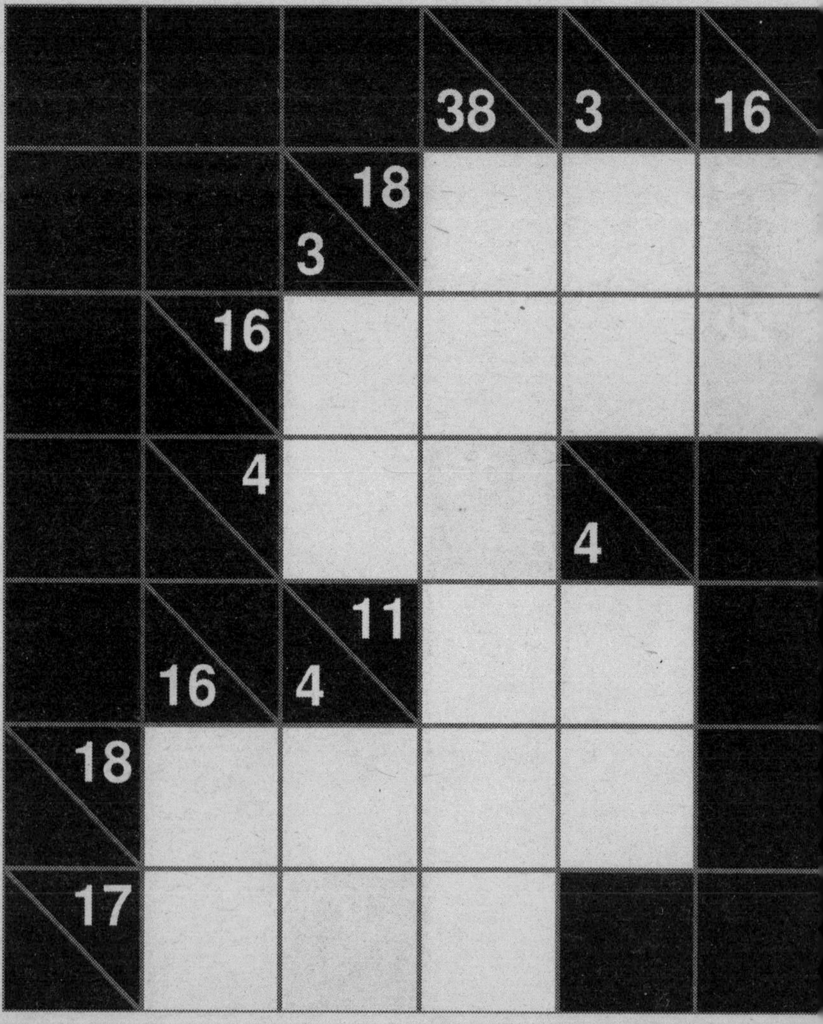

■	■	■	38\	3\	16\
■	■	3\18			
■	\16				
■	\4			4\	■
■	16\	4\11			■
\18					■
\17				■	■

24
7
11
19
16
20
23
7

78

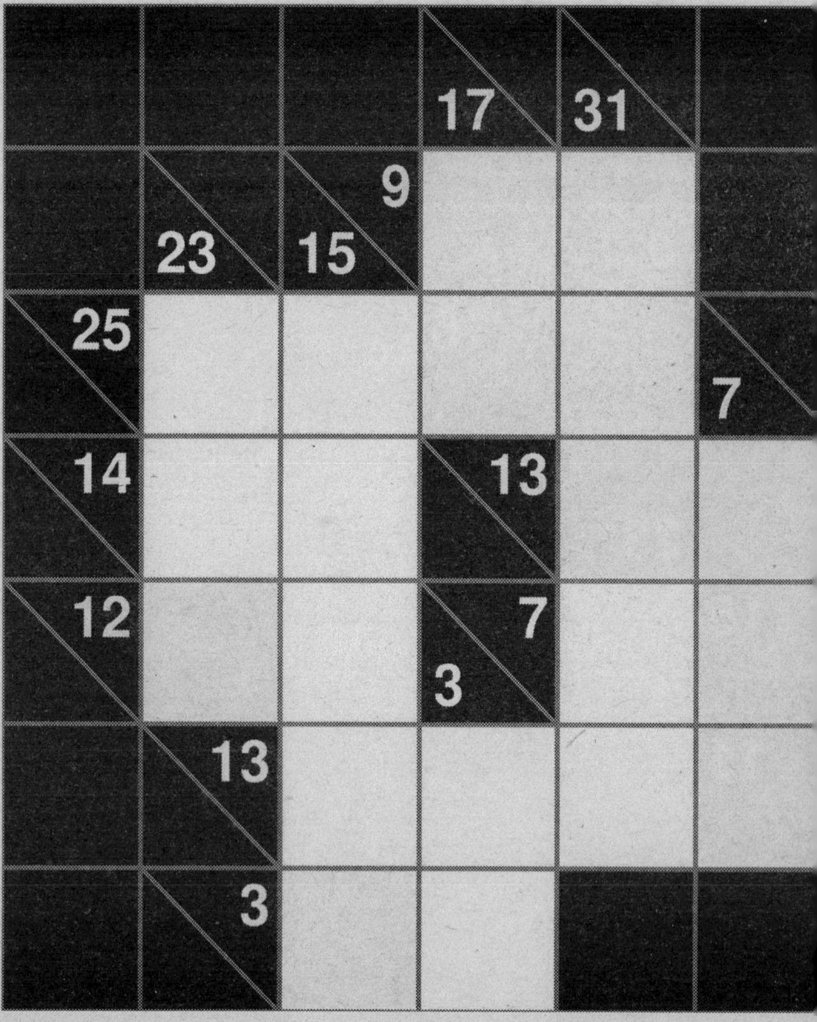

			17	31	
	23	15 \ 9			
25					7
14			13		
12			3 \ 7		
	13				
	3				

79

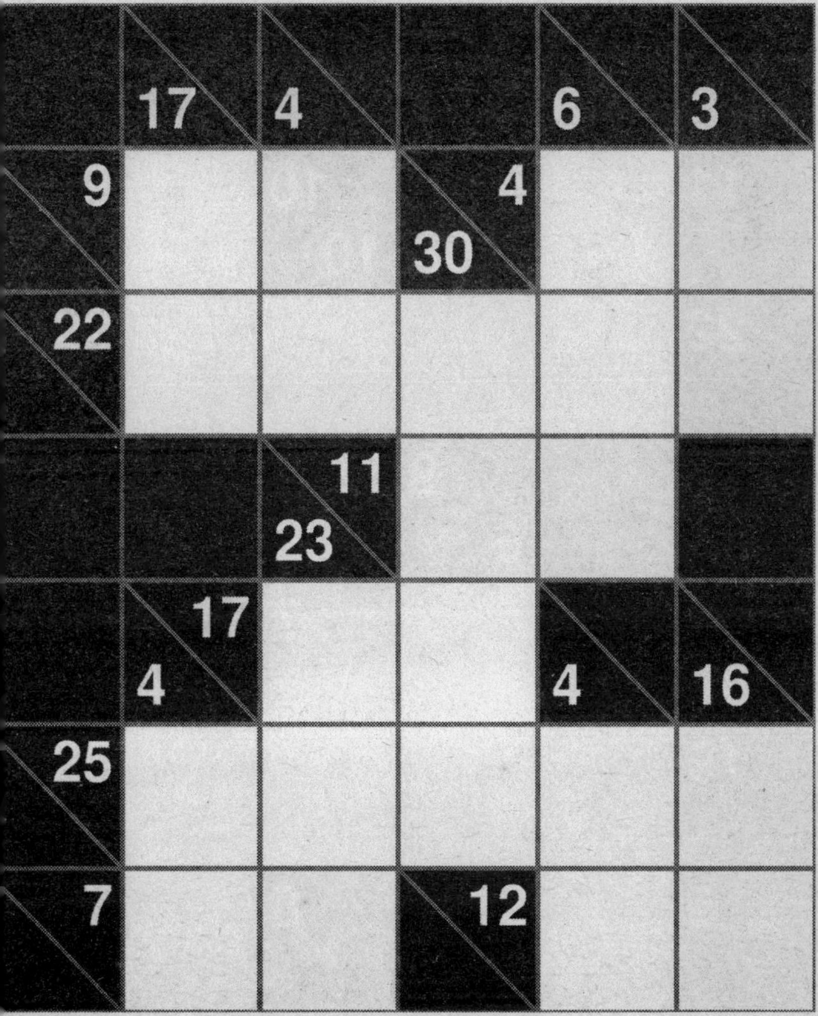

79

■	↓17	↓4	■	↓6	↓3
→9			↓30 →4		
→22					
■	■	↓23 →11			■
■	↓4 →17			↓4	↓16
→25					
→7			→12		

80

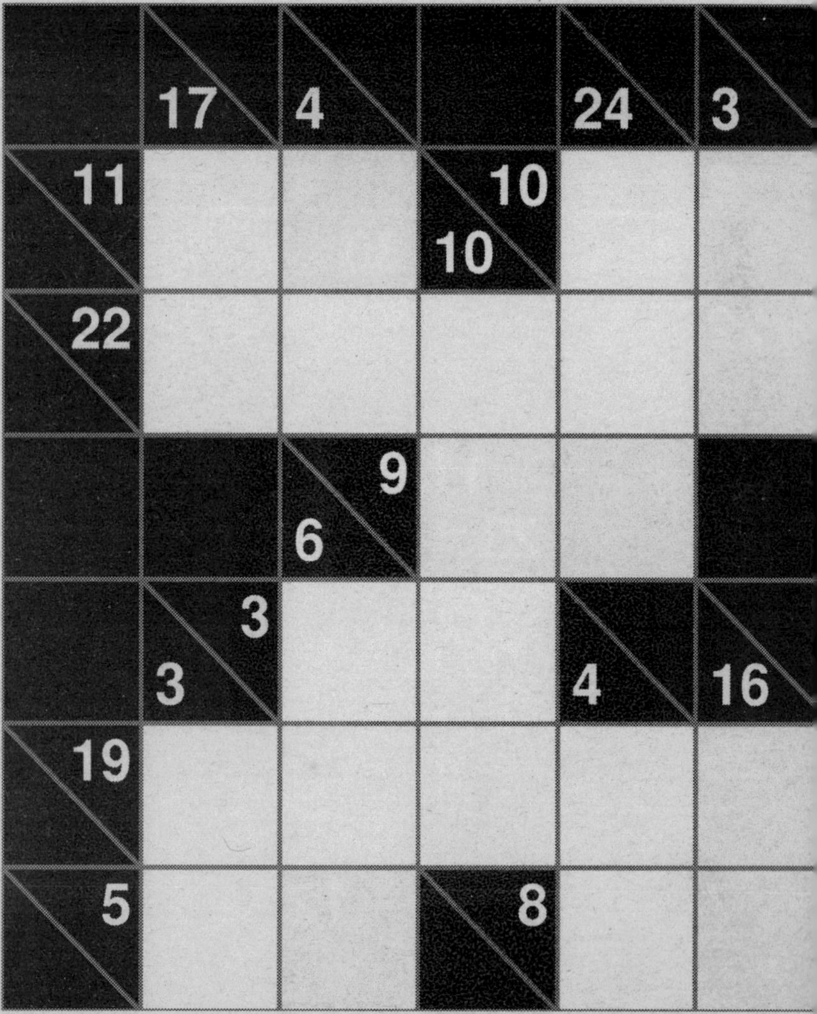

	17	4		24	3
11			10 / 10		
22					
		9 / 6			
	3 / 3			4	16
19					
5			8		

81

■	17	12	39	■	■
16				■	■
13				■	■
■	16			7	■
■	■	12			4
■	■	9			
■	■	13			

82

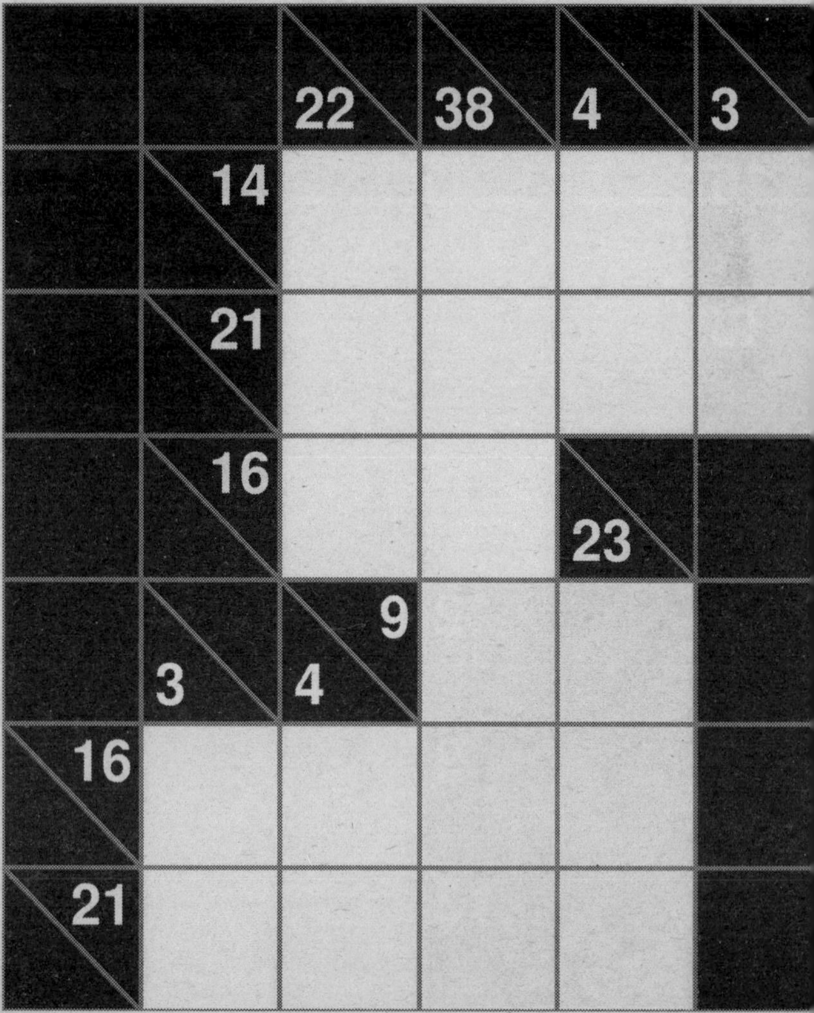

		22	38	4	3
	14				
	21				
	16			23	
	3	4 / 9			
16					
21					

83

■	24↓	17↓	■	■	■
16→			24↓	■	■
22→				■	■
10→				12↓	23↓
■	■	20→			
■	■	15→			
■	■	■	17→		

84

■	3\	17\	■	6\	7\
\10			29\3		
\19					
■	23\	6\13			
\18				17\	4\
\28					
\12			\9		

17
3
21
17
12
16
8
4
17
23
16

86

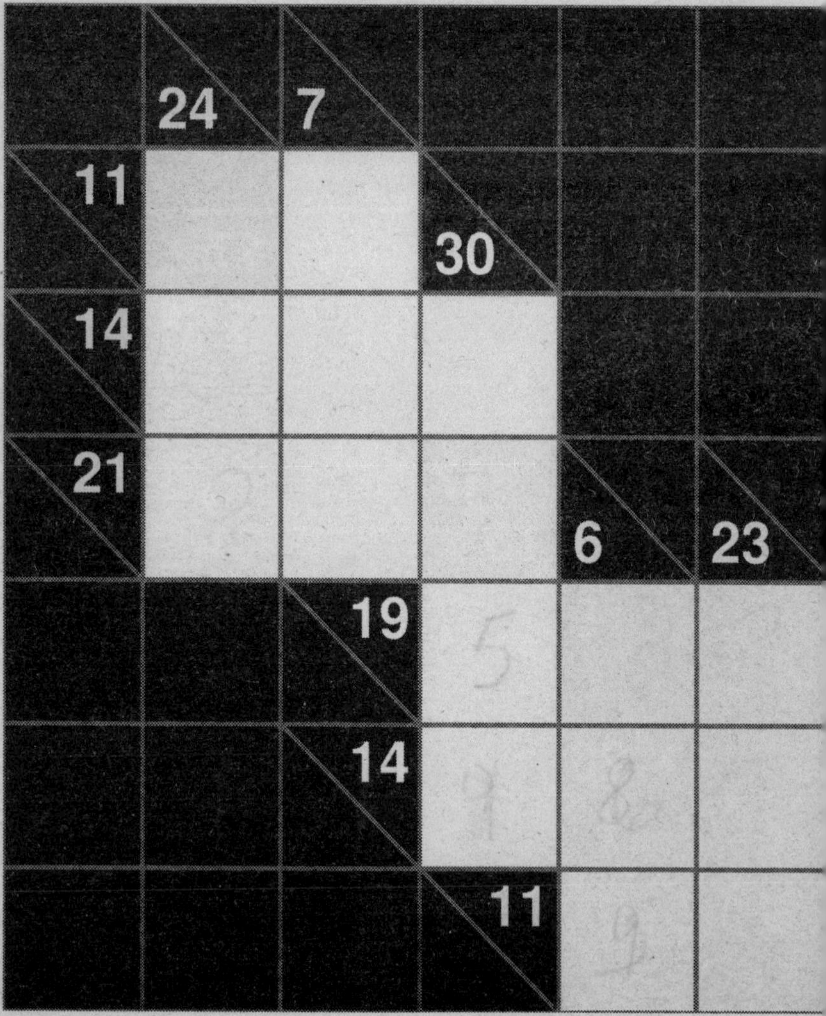

	24	7			
11			30		
14					
21				6	23
		19			
		14			
			11		

87

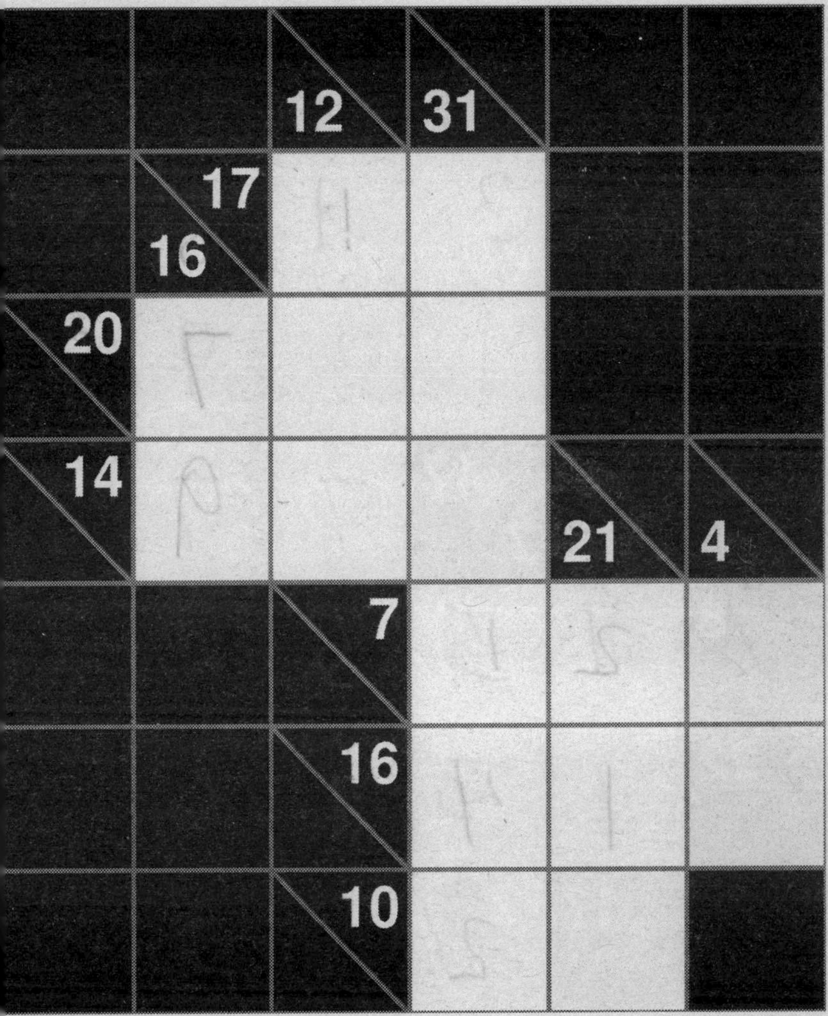

88

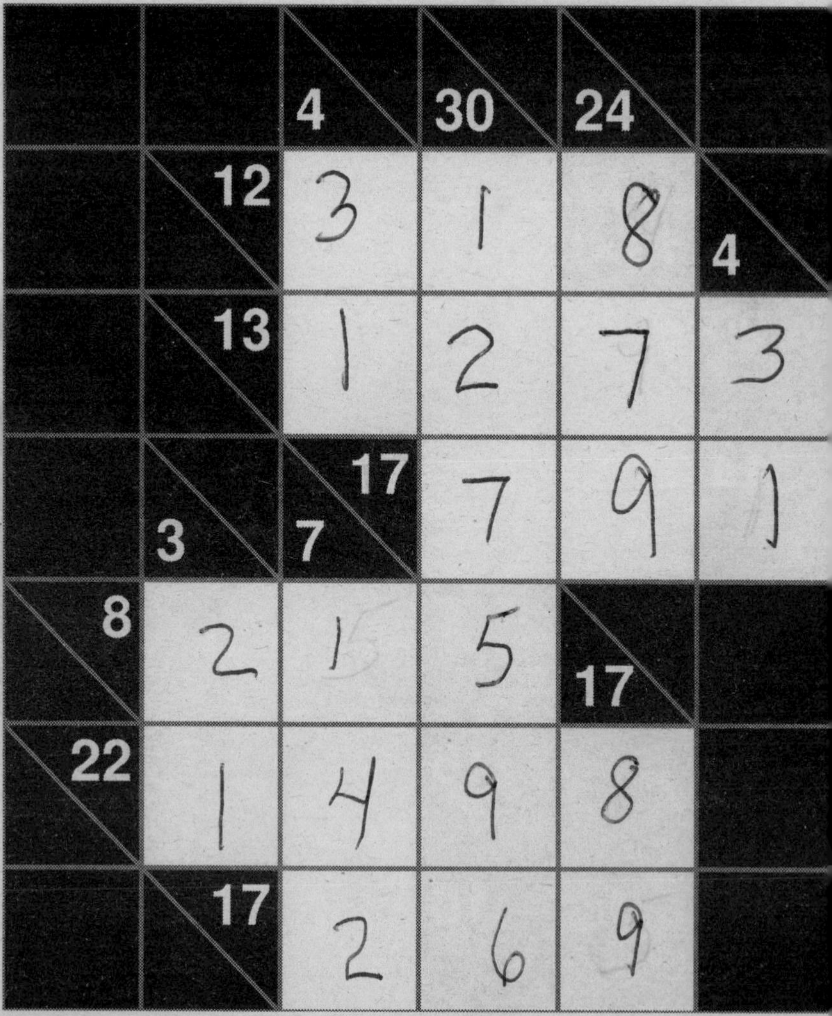

		4\	30\	24\	
	\12	□	□	□	4\
	\13	□	□	□	□
	3\	7\17	□	□	□
\8	□	□	□	17\	
\22	□	□	□	□	
	\17	□	□	□	

89

		25	17	22	
	15				18
	28 / 24				
12			14		
13			4 / 16		
18					
	18				

90

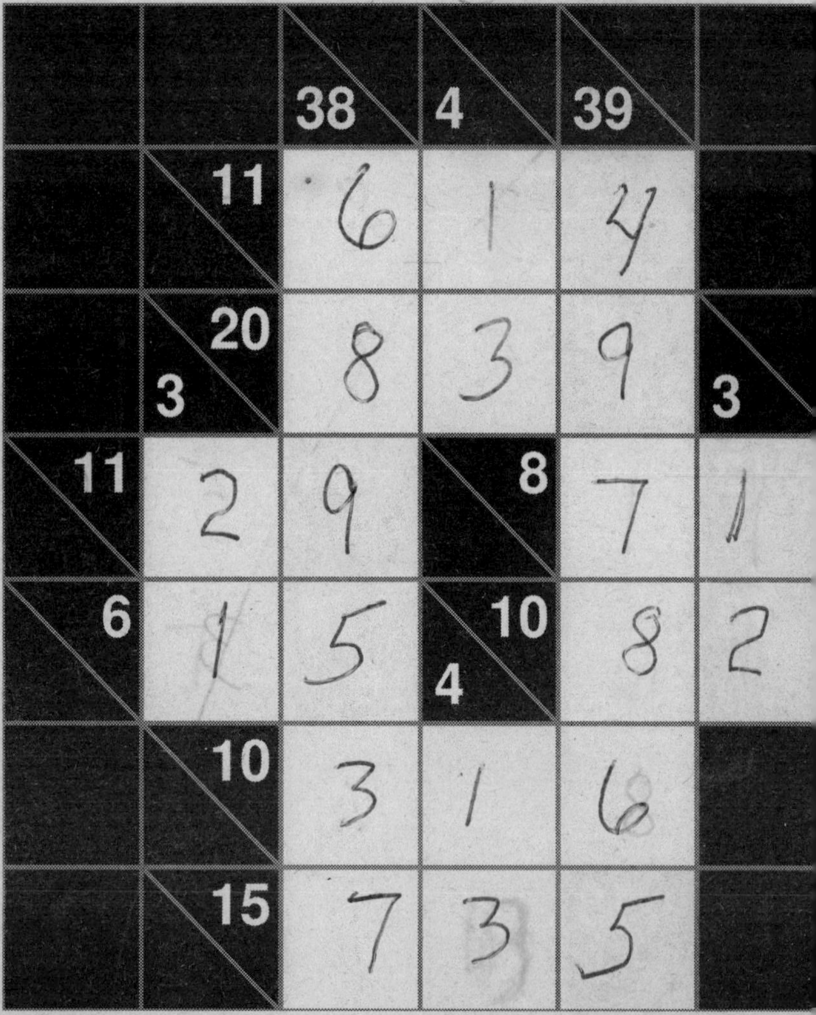

90

■	■	38 ↓	4 ↓	39 ↓	■
■	11 →				■
■	3 ↓ / 20 →				3 ↓
11 →			8 →		
6 →			4 ↓ / 10 →		
■	10 →				■
■	15 →				■

91

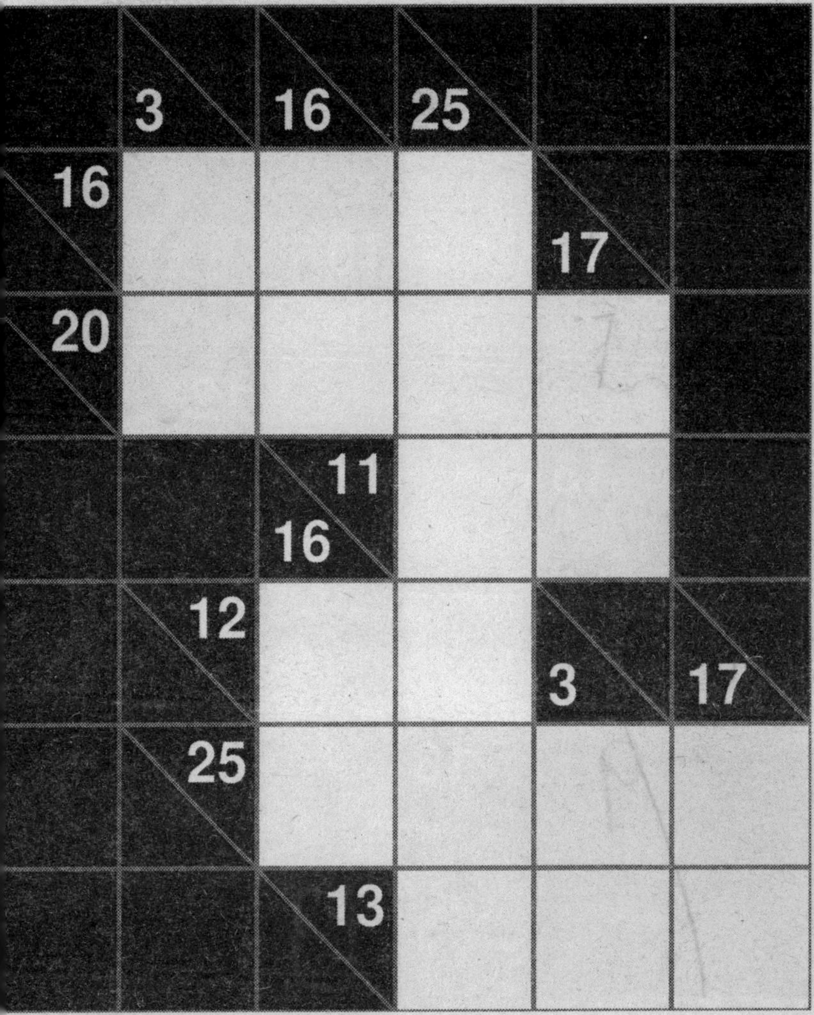

■	3\	16\	25\	■	■
\16				17\	■
\20					■
■	■	16\11			■
■	\12			3\	17\
■	\25				
■	■	\13			

92

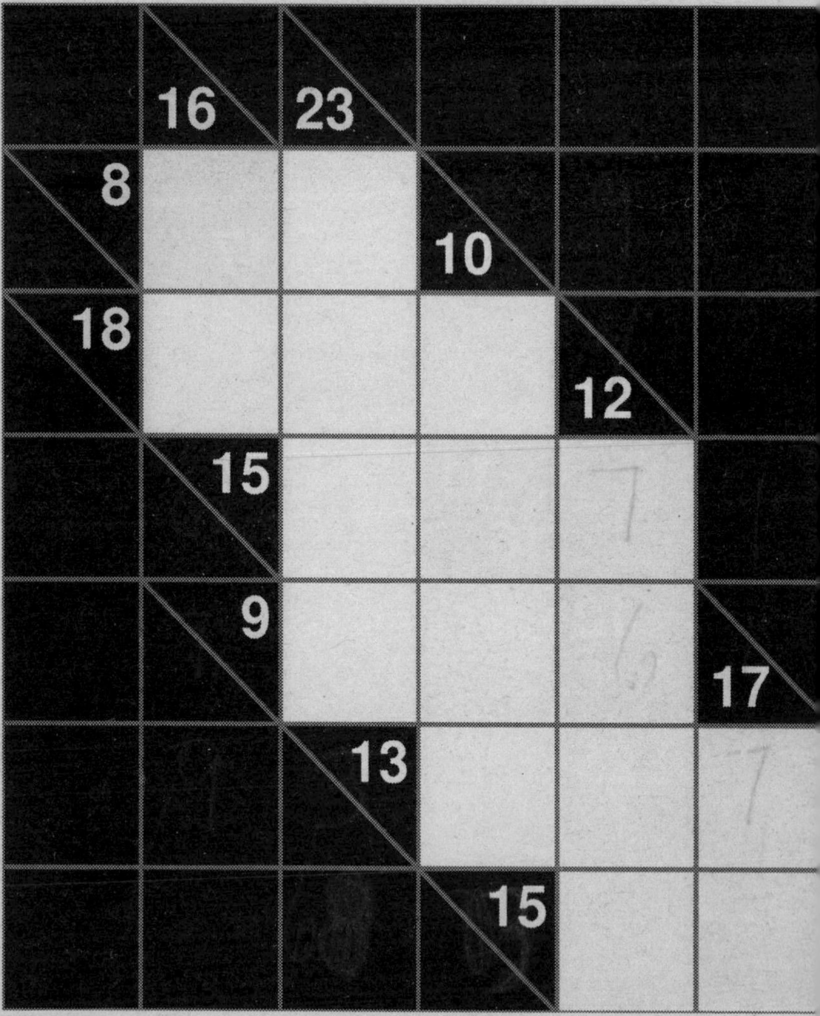

	16	23			
8			10		
18				12	
	15				
	9				17
		13			
			15		

■	■	7↓	22↓	4↓	16↓
■	17→				
■	16→				
■	9→			23↓	■
■	16↓	3↓ 7→			■
19→					■
23→					■

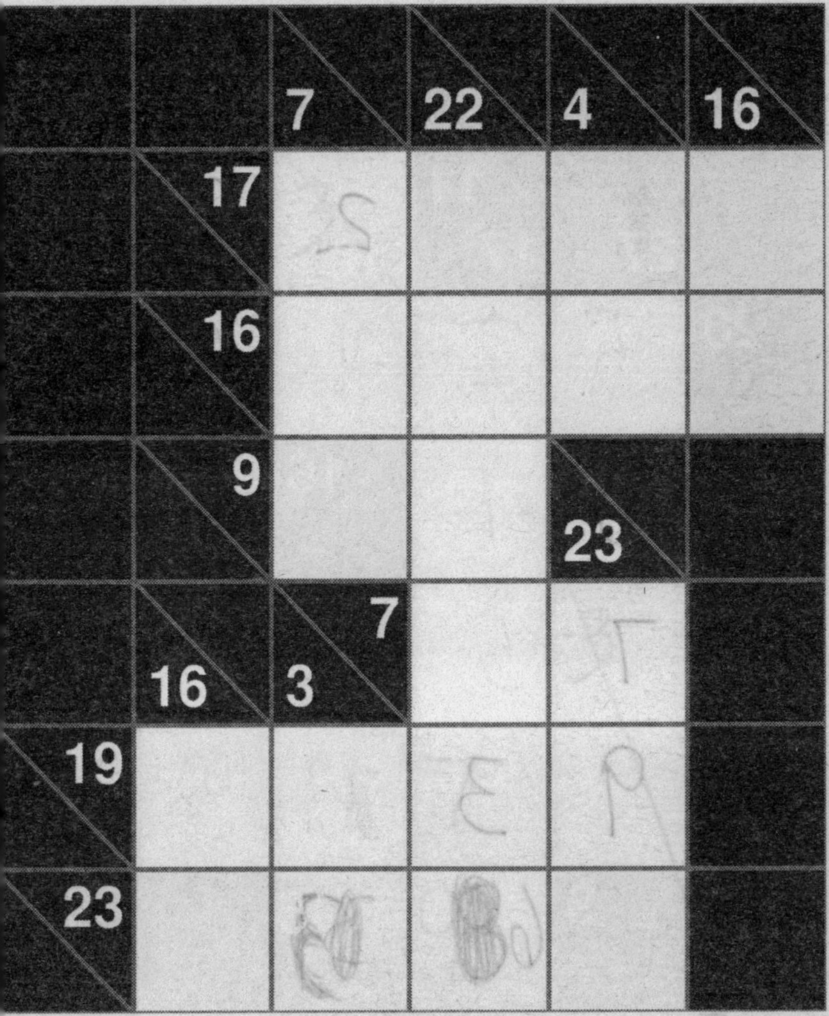

94

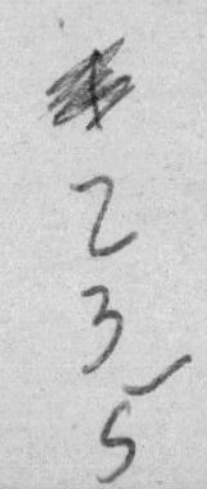

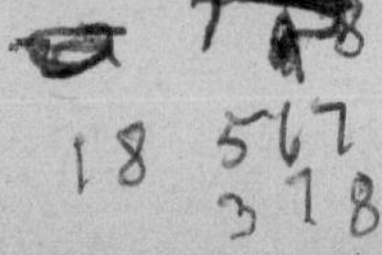

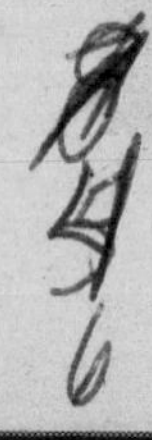

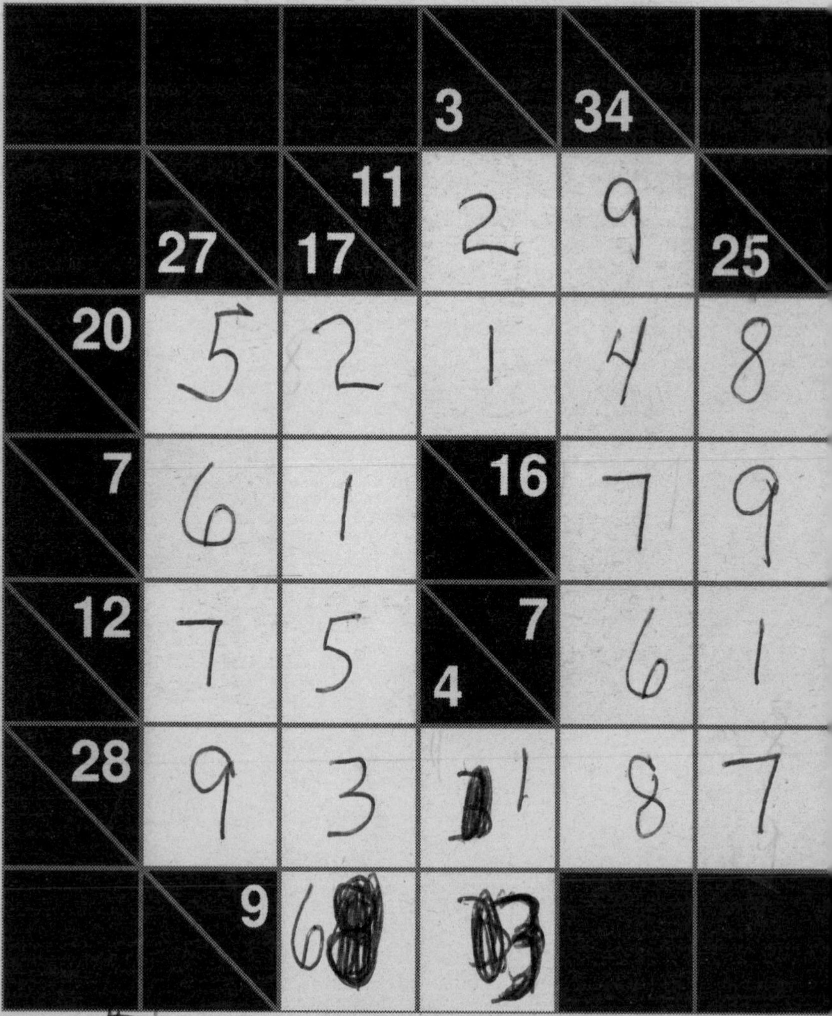

■	■	■	3 \	34 \	■
■	27 \	17 \ 11			25 \
\ 20					
\ 7			\ 16		
\ 12			4 \ 7		
\ 28					
■	\ 9			■	■

95

■	16\	3\	■	■	9\	17\
\11			7\	\11		
\10				24\9		
■	■	23\15				■
■	16\21				17\	3\
\15			\18			
\16			■	\9		

96

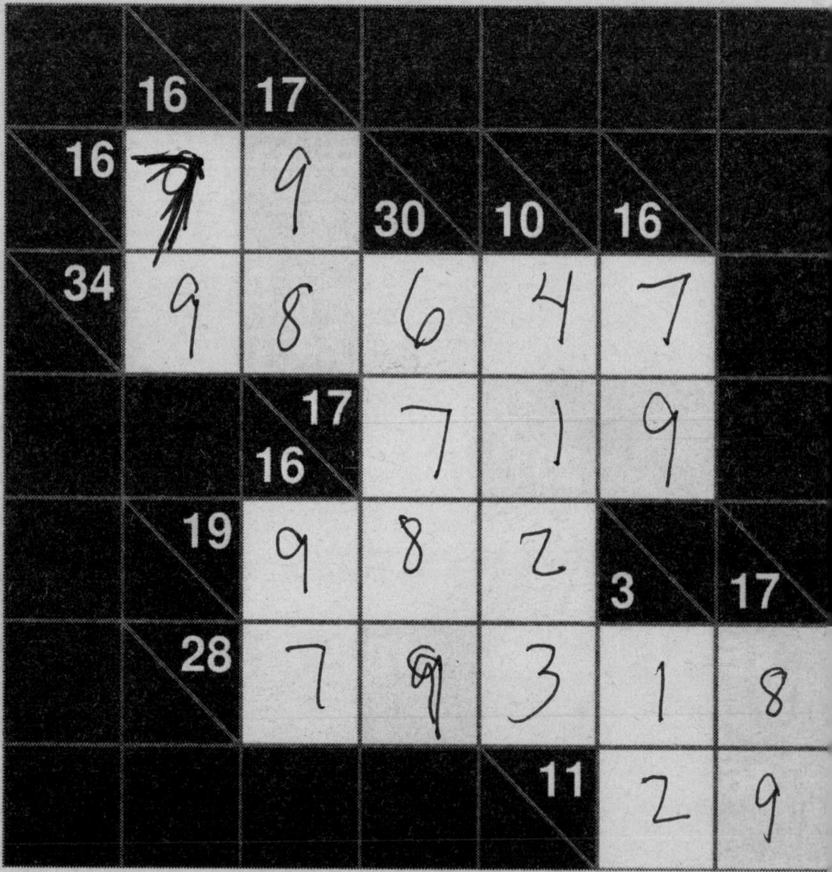

9 8 2
7 9 3

97

					4\	16\
	17\	4\		24\12	3	9
\12	9	3	6\16	8	1	7
\18	8	1	2	7	3\	16\
	3\	17\20	3	9	1	7
\12	2	9	1	\11	2	9
\9	1	8				

98

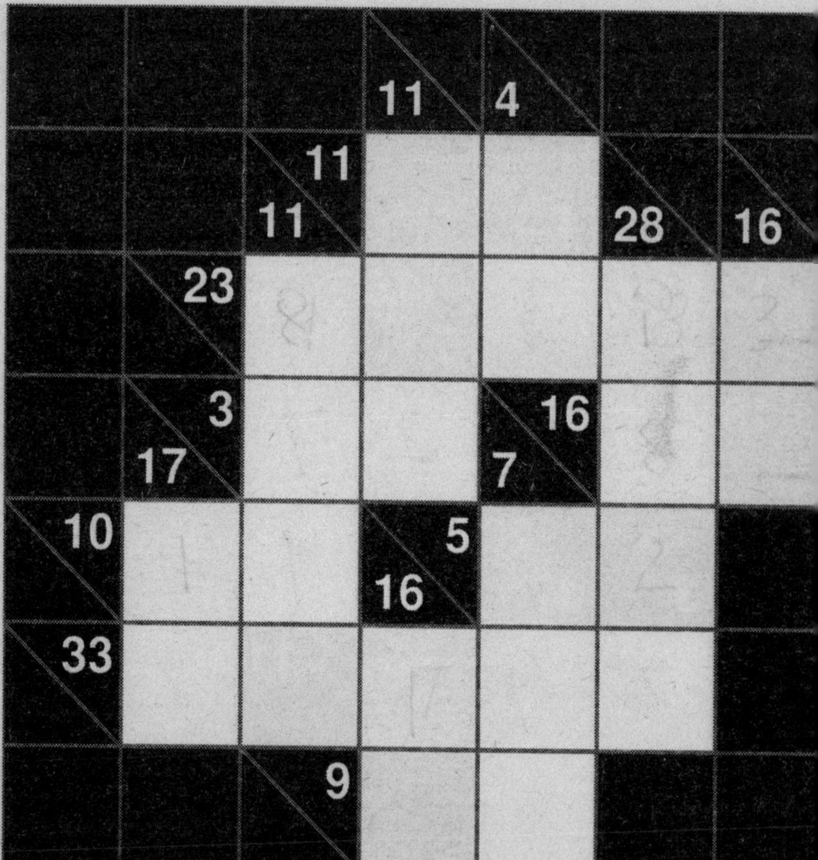

■	■	■	11\	4\	■	■
■	■	11\11			28\	16\
■	\23					
■	17\3			7\16		
\10			16\5			■
\33						■
■	■	\9			■	■

99

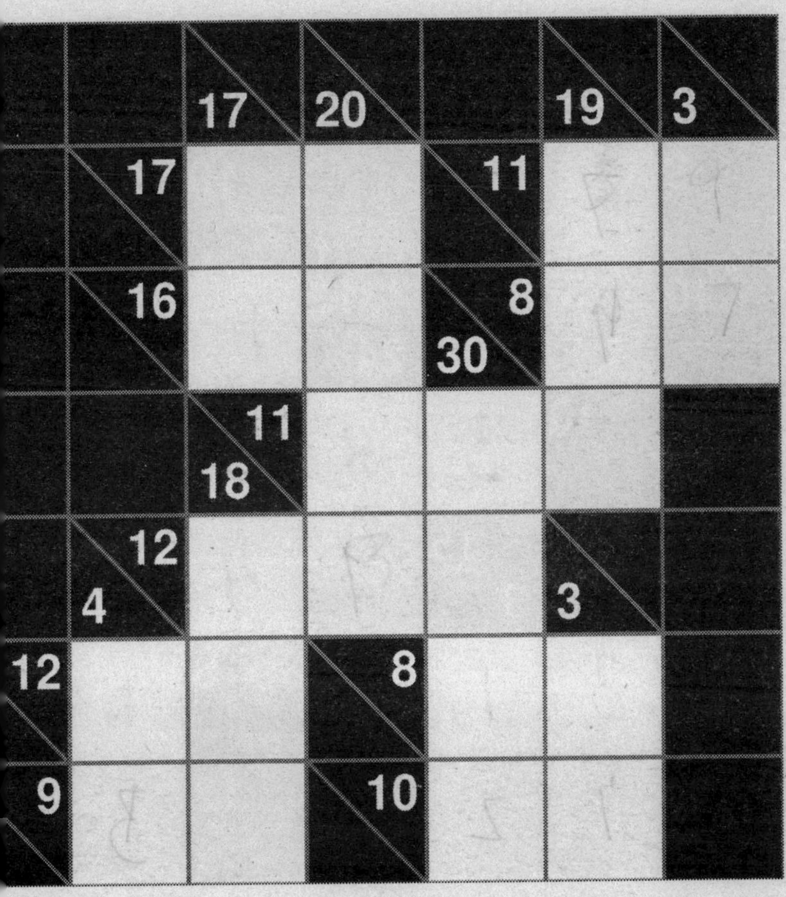

■	■	17\	20\	■	19\	3\
■	\17			\11		
■	\16			30\8		
■	■	18\11				■
■	4\12				3\	■
\12			\8			■
\9			\10			■

100

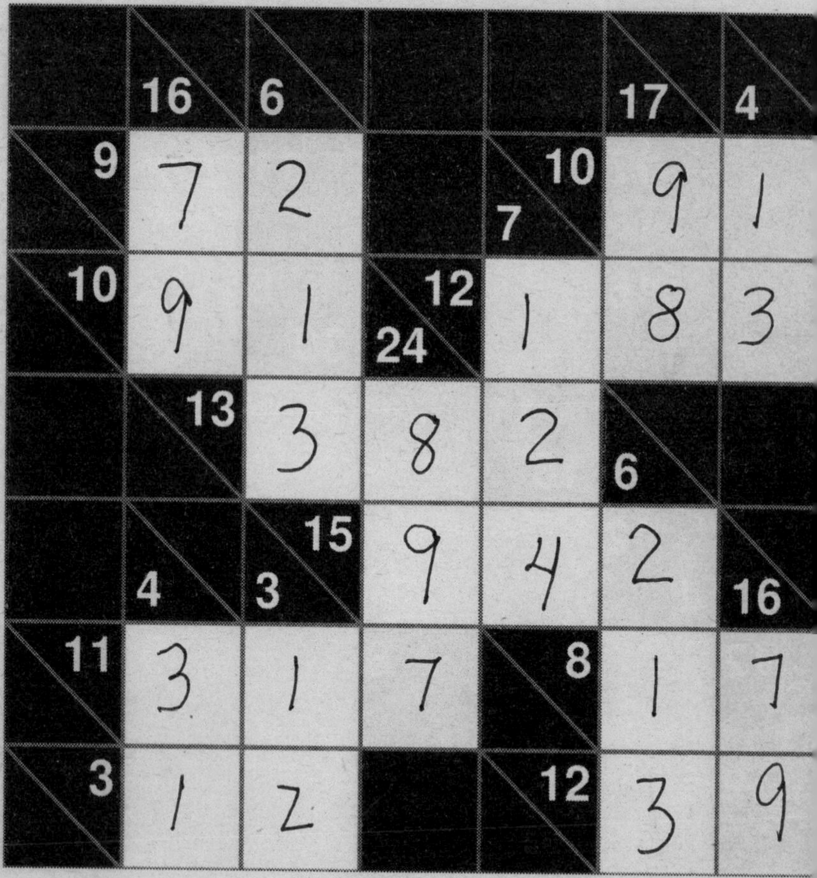

	16\	6\			17\	4\
\9				7\10		
\10			24\12			
	\13				6\	
	4\	3\15				16\
\11				\8		
\3				\12		

		11	4			
	5			16		
	16 \ 11				11	3
14			3 \ 16			
10				17 \ 4		
		12				
			9			

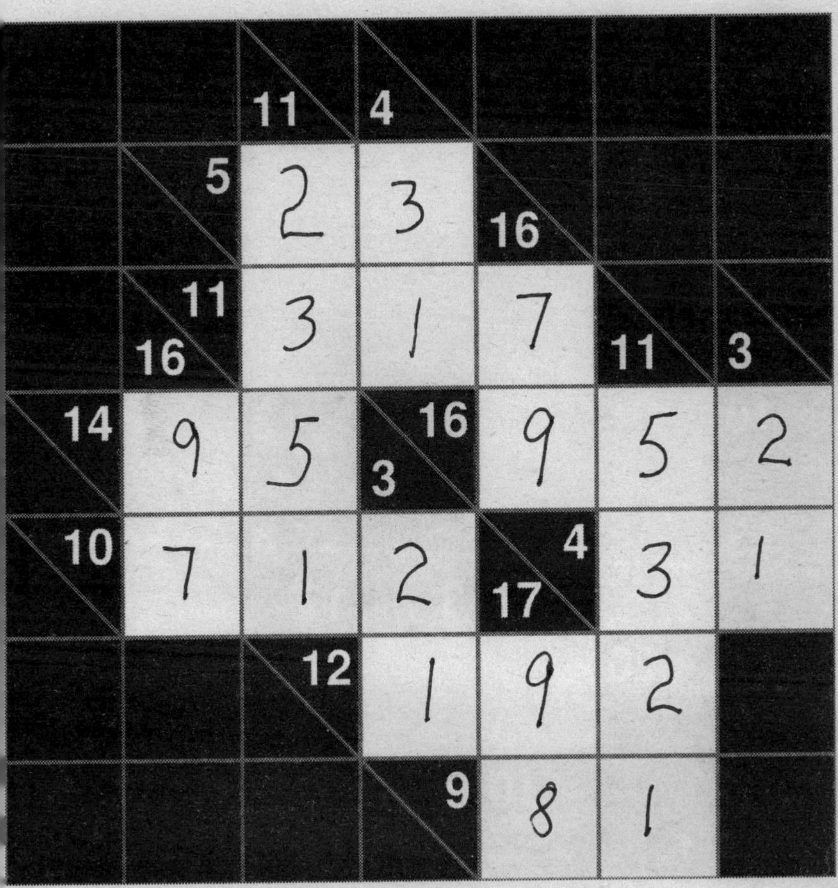

102

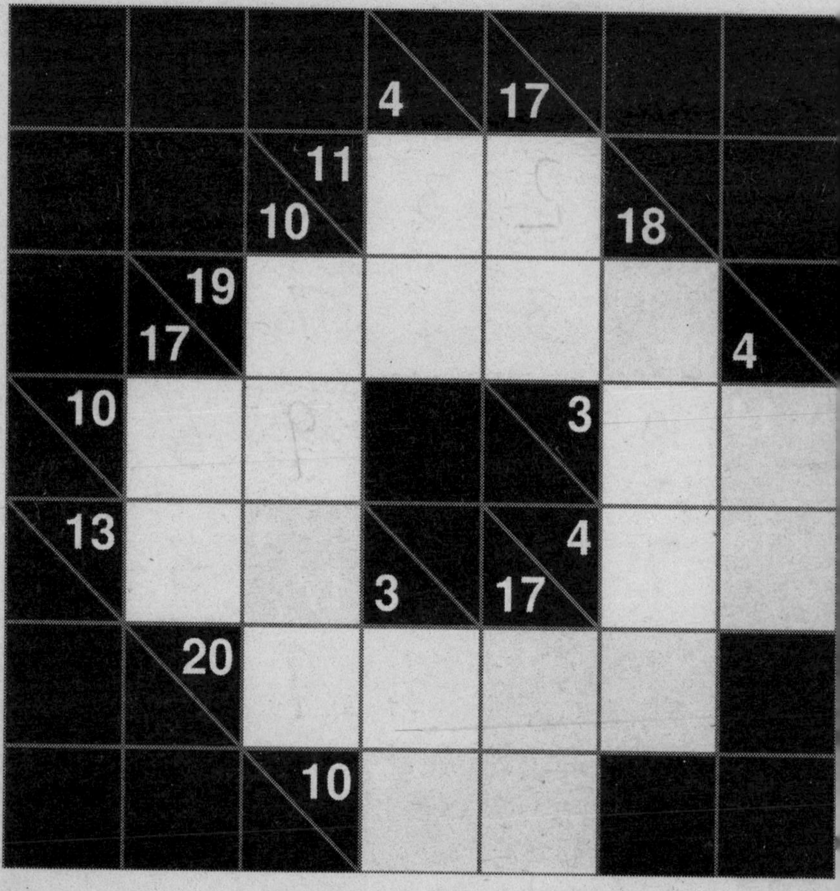

■	■	■	4↓	17↓	■	■
■	■	10↓ 11→			18↓	■
■	17↓ 19→					4↓
10→			■	3→		
13→			3↓	17↓ 4→		
■	20→					■
■	■	10→			■	■

103

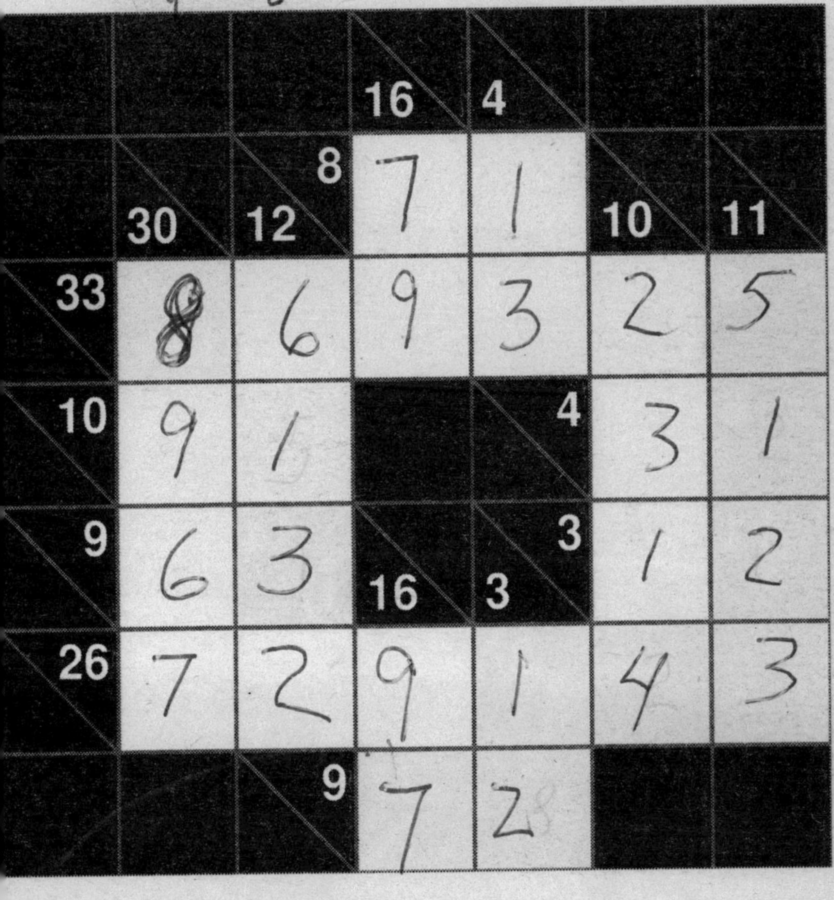

103

■	■	■	↓16	↓4	■	■
■	↓30	↓12 →8			↓10	↓11
→33						
→10			■	→4		
→9			↓16	↓3 →3		
→26						
■	■	→9			■	■

104

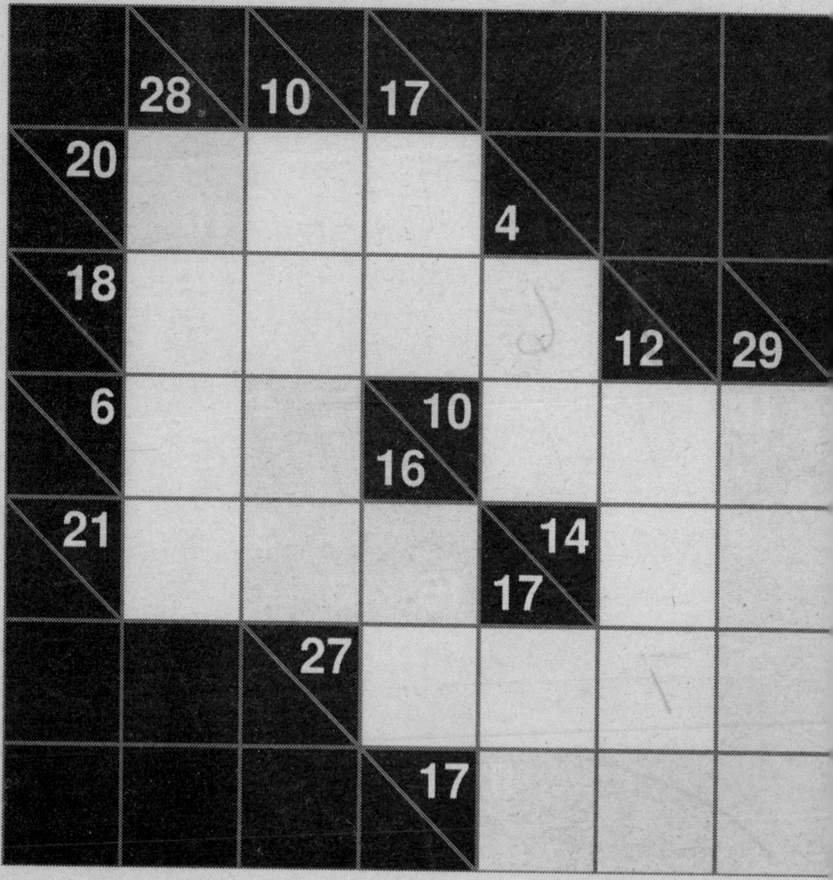

	28\	10\	17\			
\20				4\		
\18					12\	29\
\6			16\10			
\21				17\14		
		\27				
			\17			

105

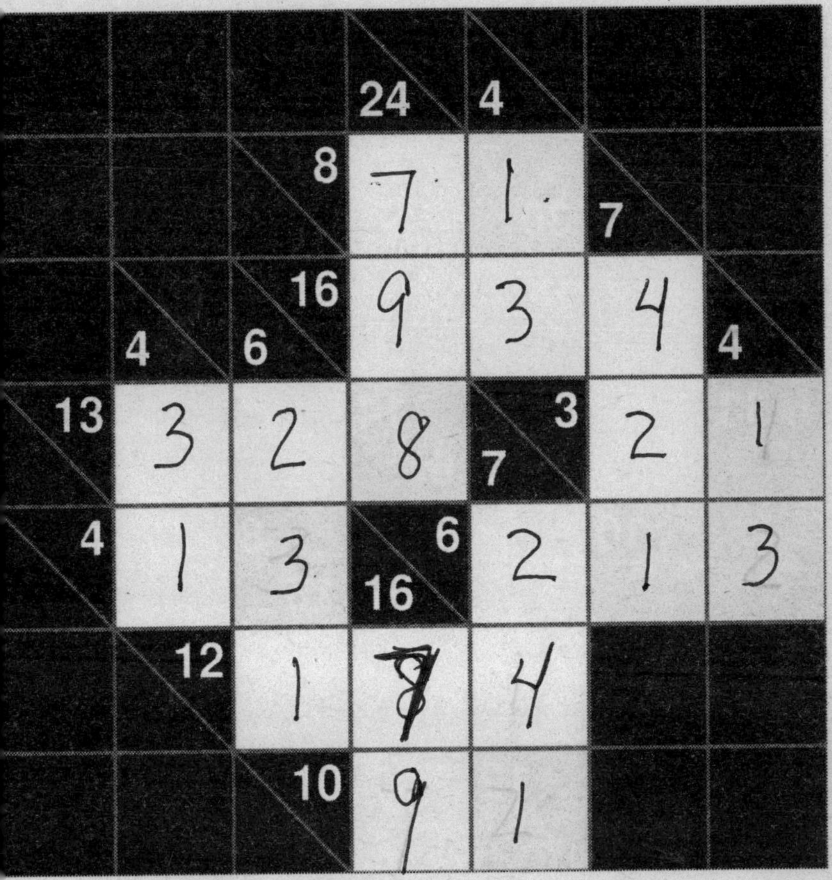

■	■	■	↓24	↓4	■	■
■	■	→8			↓7	■
■	↓4	↓6 →16				↓4
→13				↓7 →3		
→4			↓16 →6			
■	→12				■	■
■	■	→10			■	■

106

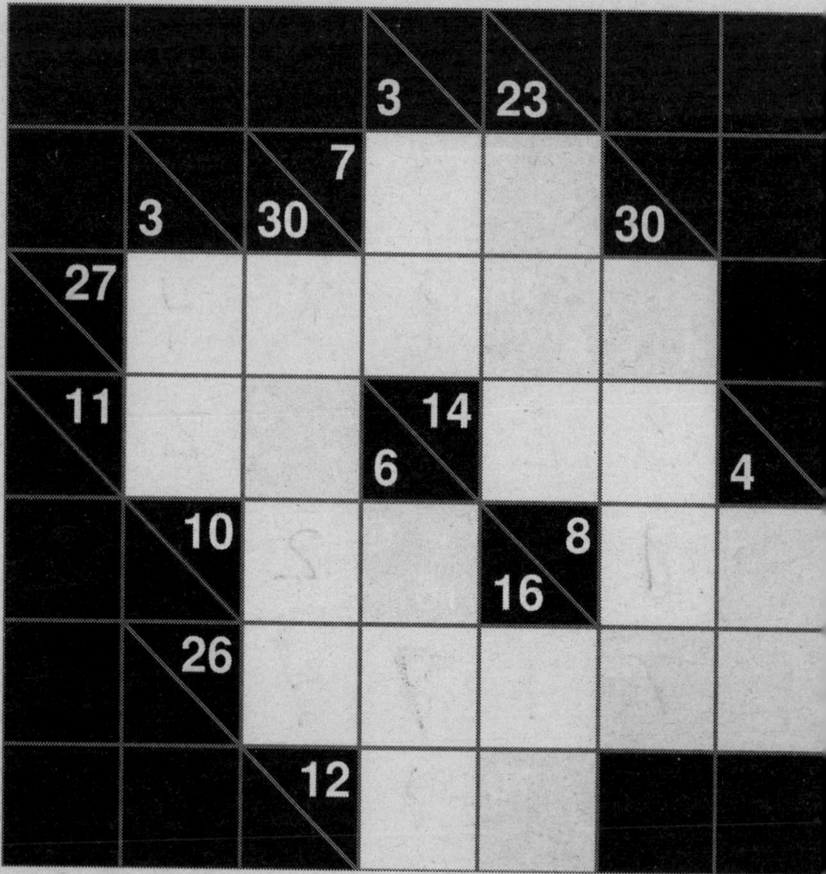

■	■	■	3\	23\	■	■
■	3\	30\7			30\	■
\27						■
\11			6\14			4\
■	\10			16\8		
■	\26					
■	■	\12			■	■

107

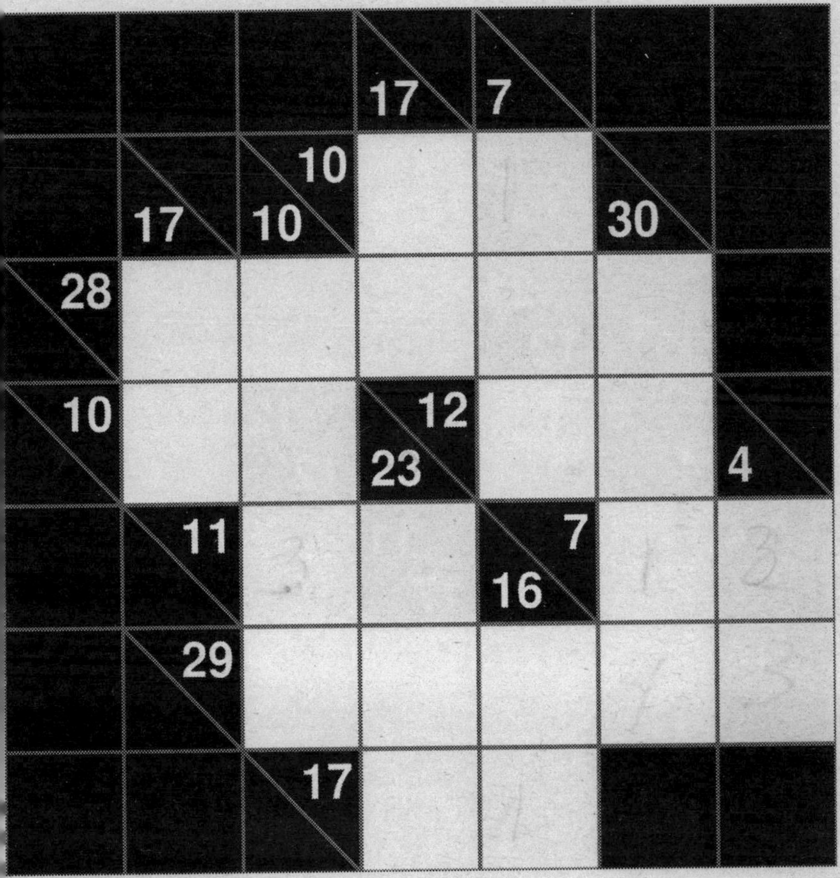

■	■	■	17\	7\	■	■
■	17\	10\10			30\	■
\28						■
\10			23\12			4\
■	\11			16\7		
■	\29					
■	■	\17			■	■

108

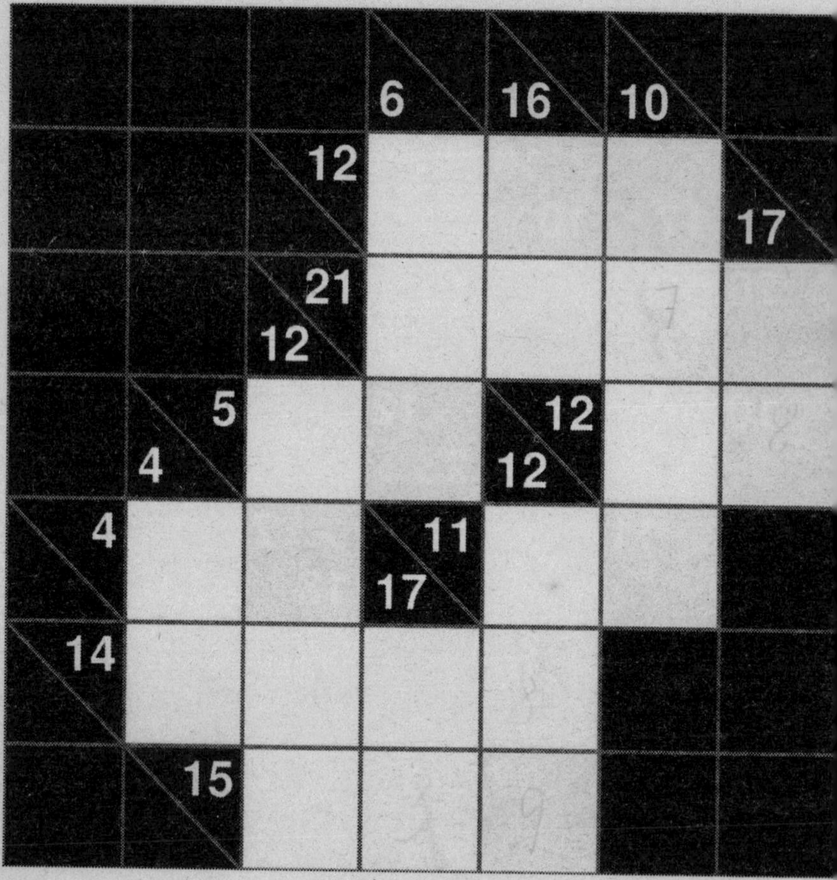

■	■	■	6 \	16 \	10 \	■
■	■	\ 12				17 \
■	■	12 \ 21				
■	4 \ 5			12 \ 12		
\ 4			17 \ 11			■
\ 14					■	■
■	\ 15				■	■

109

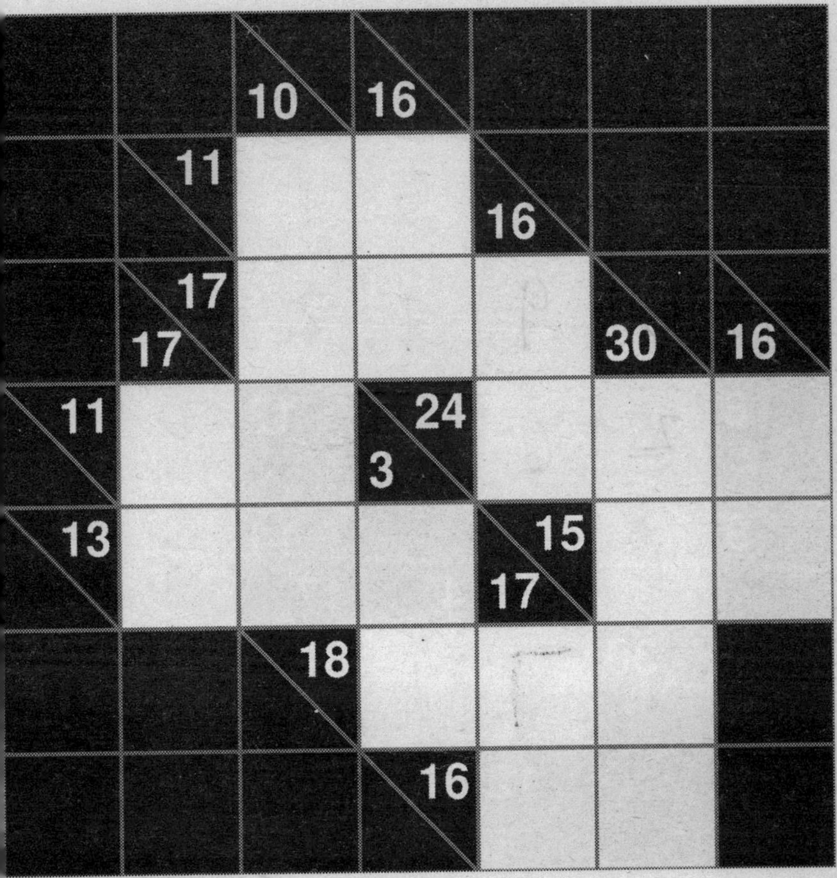

■	■	10\	16\	■	■	■
■	\11			16\	■	■
■	17\17				30\	16\
\11			3\24			
\13				17\15		
■	■	\18				■
■	■	■	\16			■

110

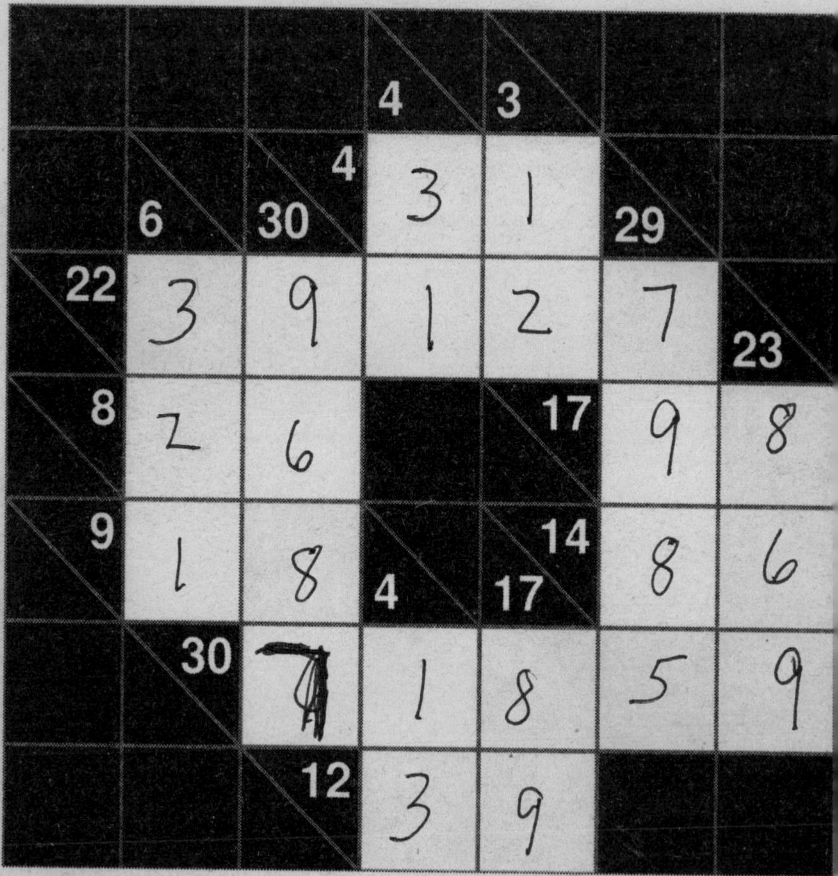

■	■	■	4	3	■	■
■	6	30 \ 4			29	■
22						23
8			■	17		
9			4	17 \ 14		
■	30					
■	■	12			■	■

111

■	■	■	■	20 ↓	4 ↓	16 ↓
■	3 ↓	17 ↓	15 → / 34 ↓			
35 →						
17 →					16 ↓	17 ↓
■	3 ↓	26 → / 16 ↓				
35 →						
18 →				■	■	■

112

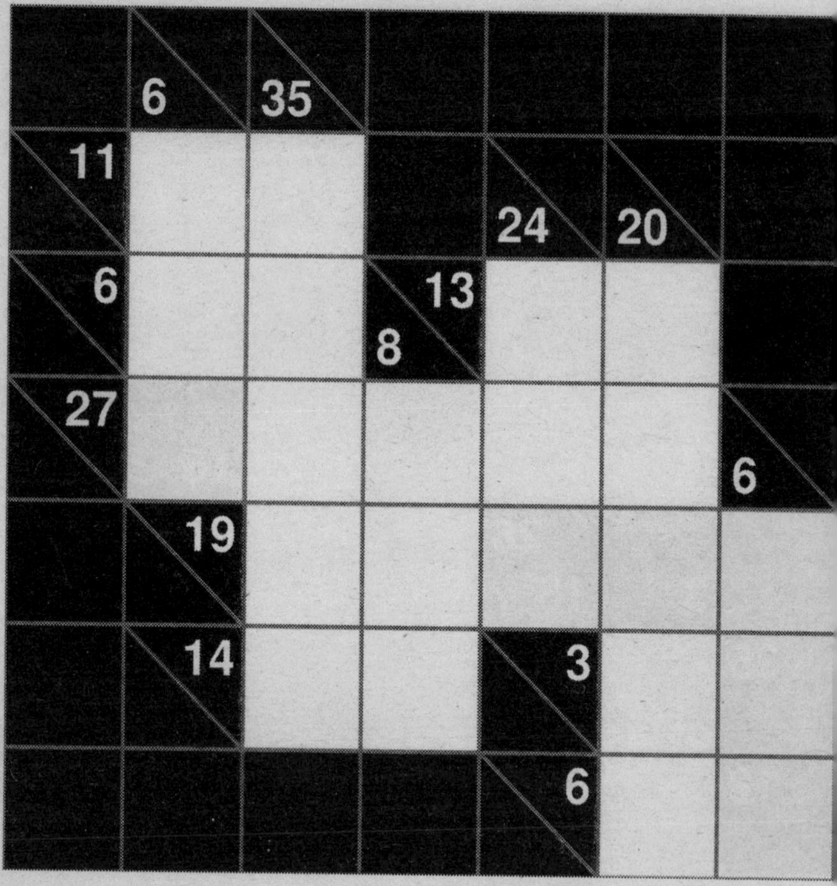

■	6	35	■	■	■	■
11			■	24	20	■
6			8 \ 13			■
27						6
■	19					
■	14			3		
■	■	■	■	6		

113

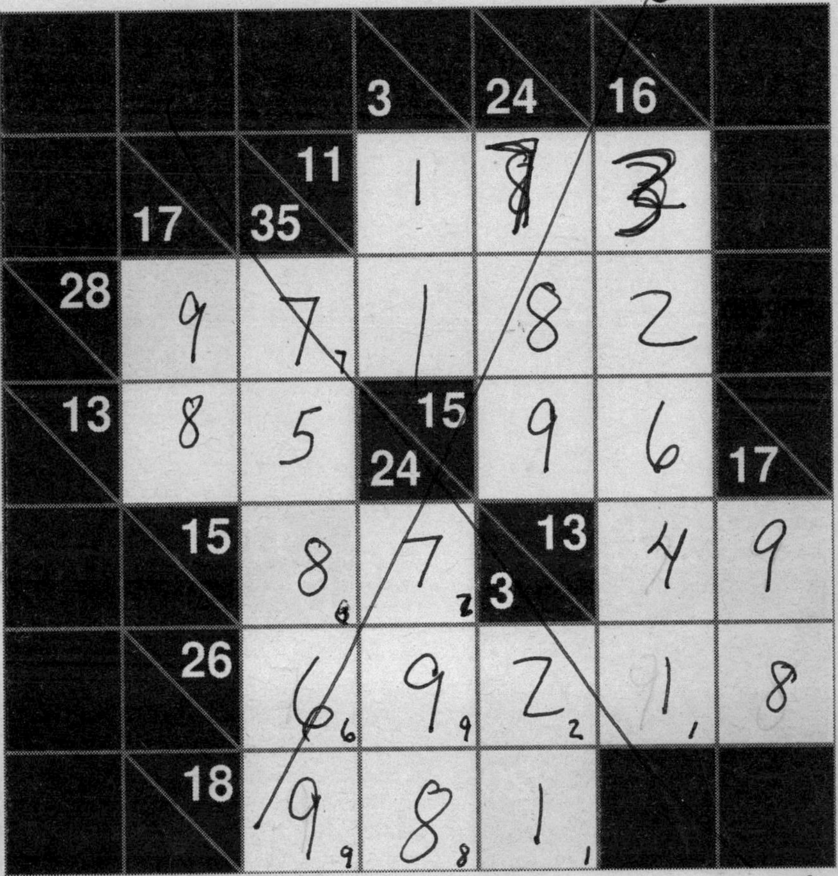

113

■	■	■	3 \	24 \	16 \	■
■	17 \	35 \ 11				■
\ 28						■
\ 13			24 \ 15			17 \
■	\ 15			3 \ 13		
■	\ 26					
■	\ 18				■	■

114

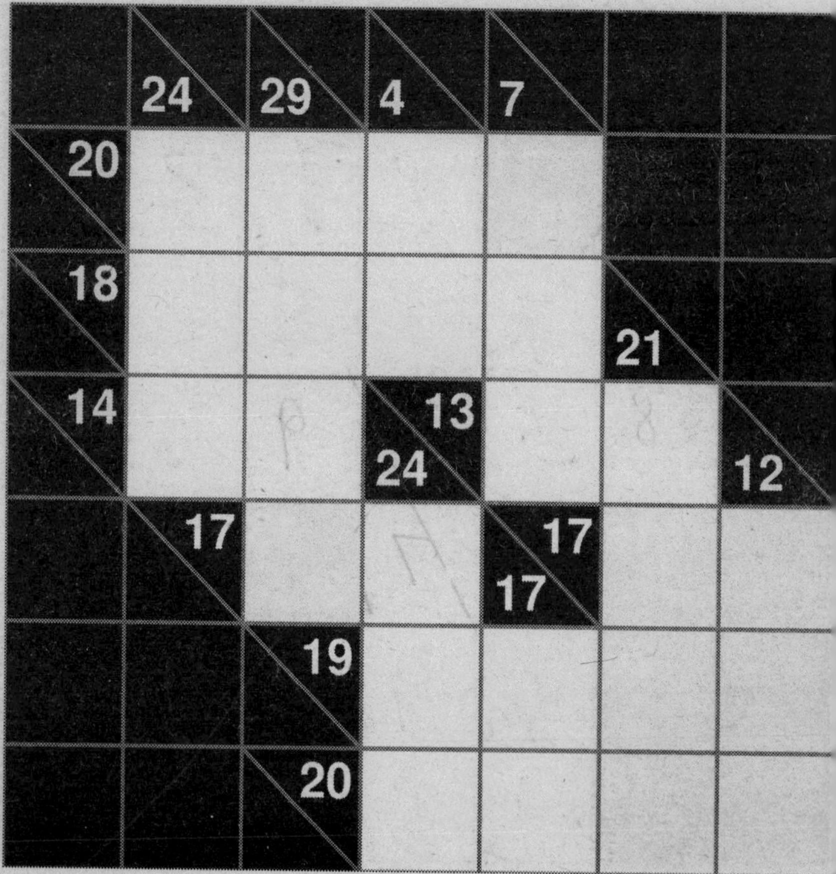

■	24\	29\	4\	7\	■	■
\20					■	■
\18					21\	■
\14			24\13			12\
■	\17			17\17		
■	■	\19				
■	■	\20				

115

■	■	38\	7\	17\	34\	■
■	\19					4\
■	\26					
■	3\10			6\4		
\9			16\4			■
\29						■
■	\24					■

116

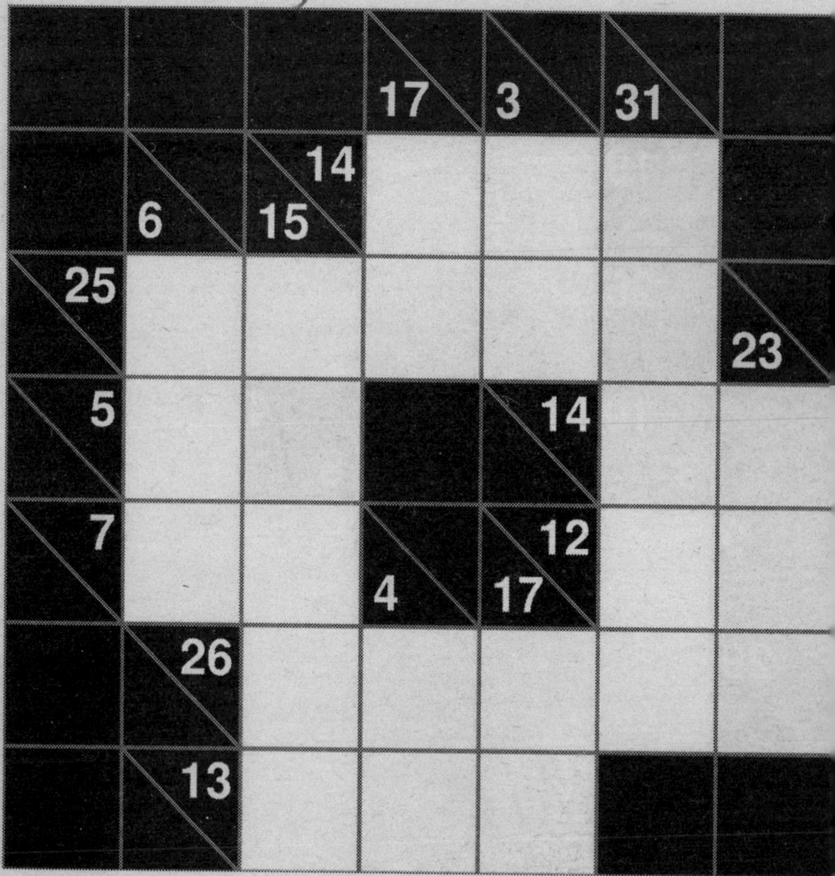

■	■	■	17\	3\	31\	■
■	6\	15\14				■
\25						23\
\5			■	\14		
\7			4\	17\12		
■	\26					
■	\13				■	■

117

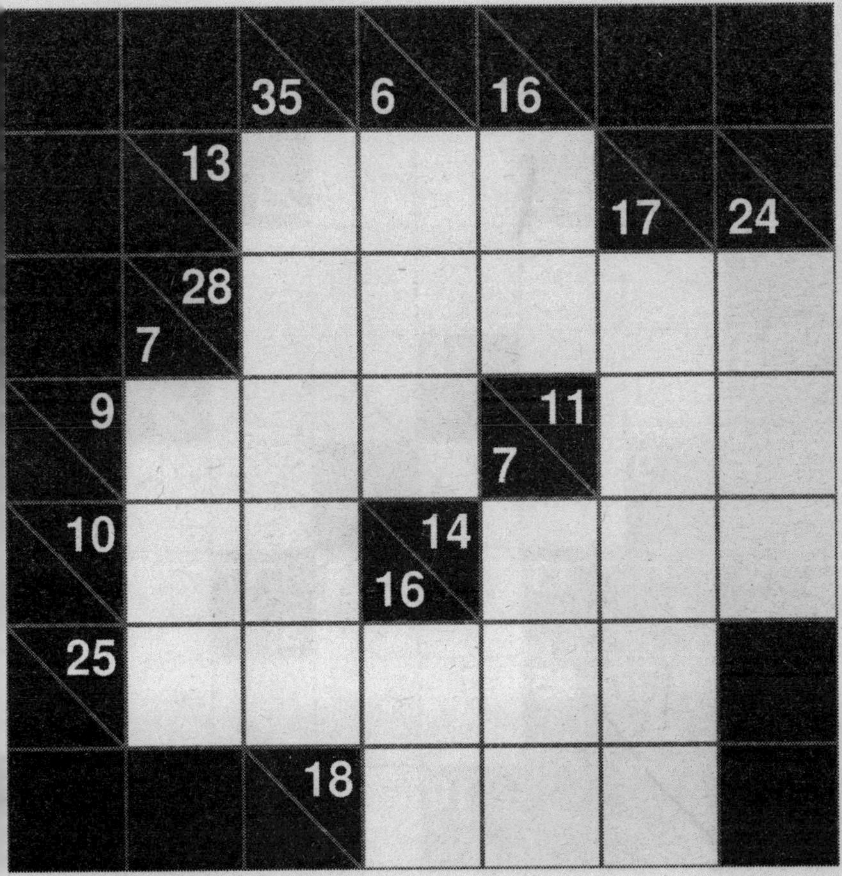

■	■	35 ↓	6 ↓	16 ↓	■	■
■	13 →				17 ↓	24 ↓
■	7 ↓ \ 28 →					
9 →				7 ↓ \ 11 →		
10 →			16 ↓ \ 14 →			
25 →						■
■	■	18 →				■

118

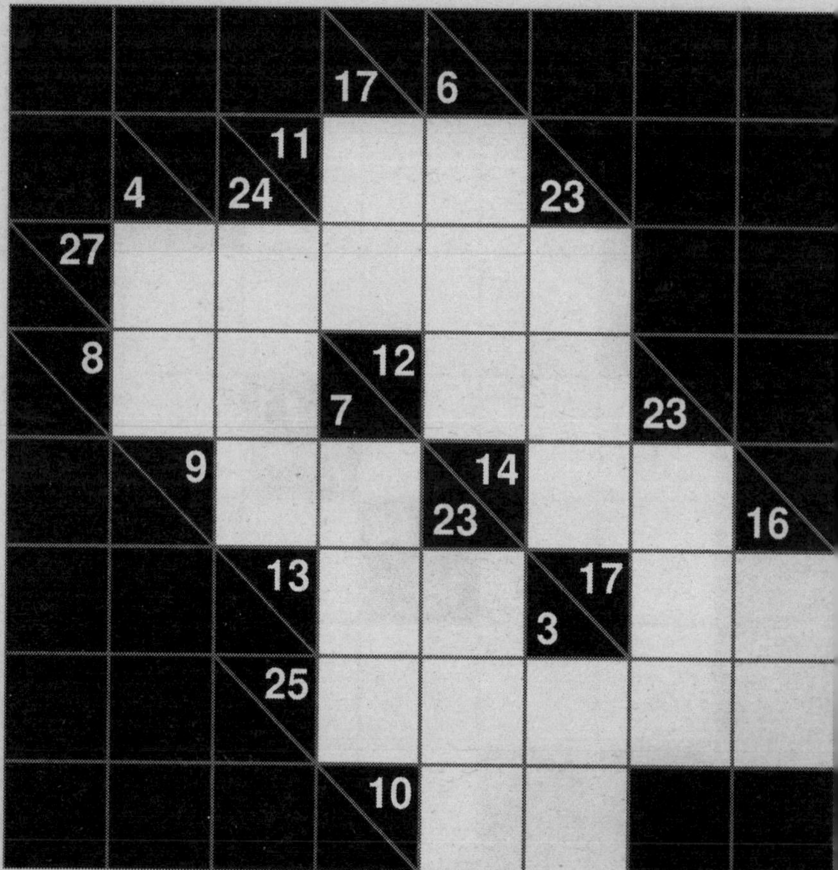

■	■	■	17\	6\	■	■	■
■	4\	24\11			23\	■	■
\27						■	■
\8			7\12			23\	■
■	\9			23\14			16\
■	■	\13			3\17		
■	■	\25					
■	■	■	\10			■	■

119

■	3↓	17↓	■	24↓	4↓	10↓	■
→10			24↓ →10				■
→32							17↓
■	17↓	11↓ →17			7↓ →9		
→22				23↓ →16			
→10			16↓ →11			3↓	16↓
■	→30						
■	→17				→8		

120

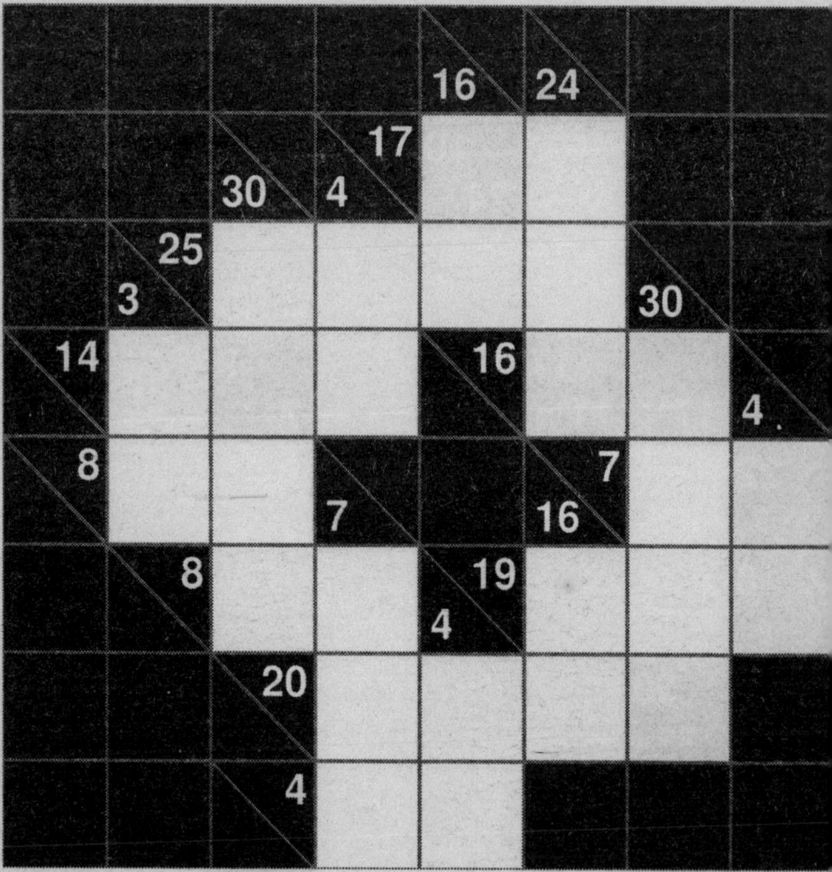

■	■	■	■	16\	24\	■	■
■	■	30\	4\17			■	■
■	3\25					30\	■
\14				\16			4\
\8			7\	■	16\7		
■	\8			4\19			
■	■	\20					■
■	■	\4			■	■	■

121

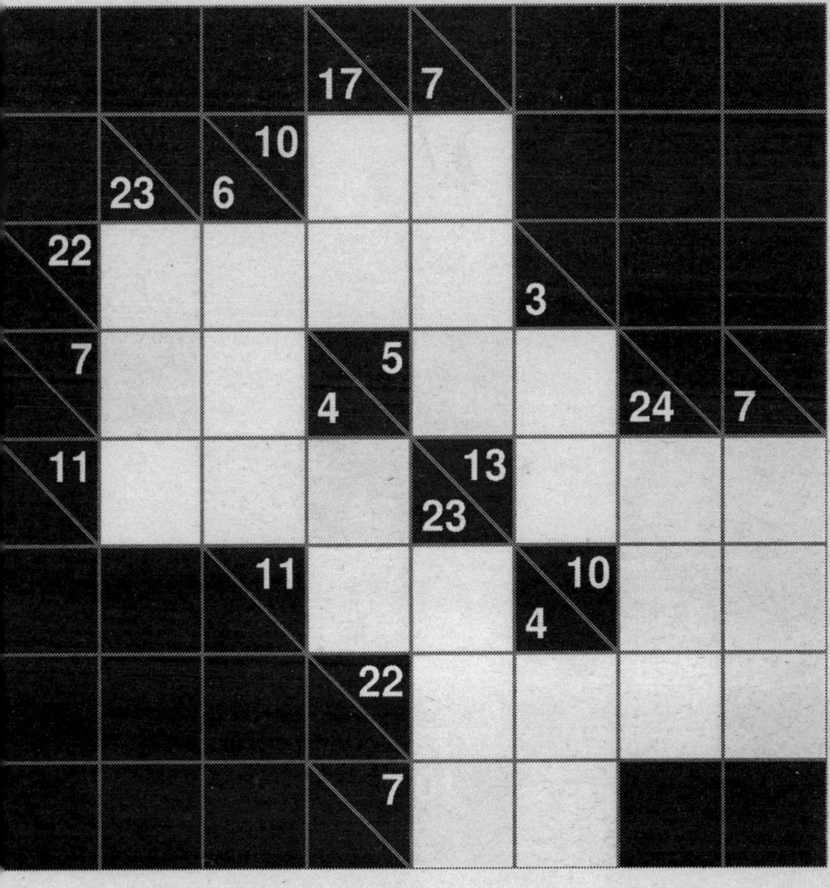

■	■	■	17\	7\	■	■	■
■	23\	6\10			■	■	■
\22					3\	■	■
\7			4\5			24\	7\
\11				23\13			
■	■	\11			4\10		
■	■	■	\22				
■	■	■	\7			■	■

122

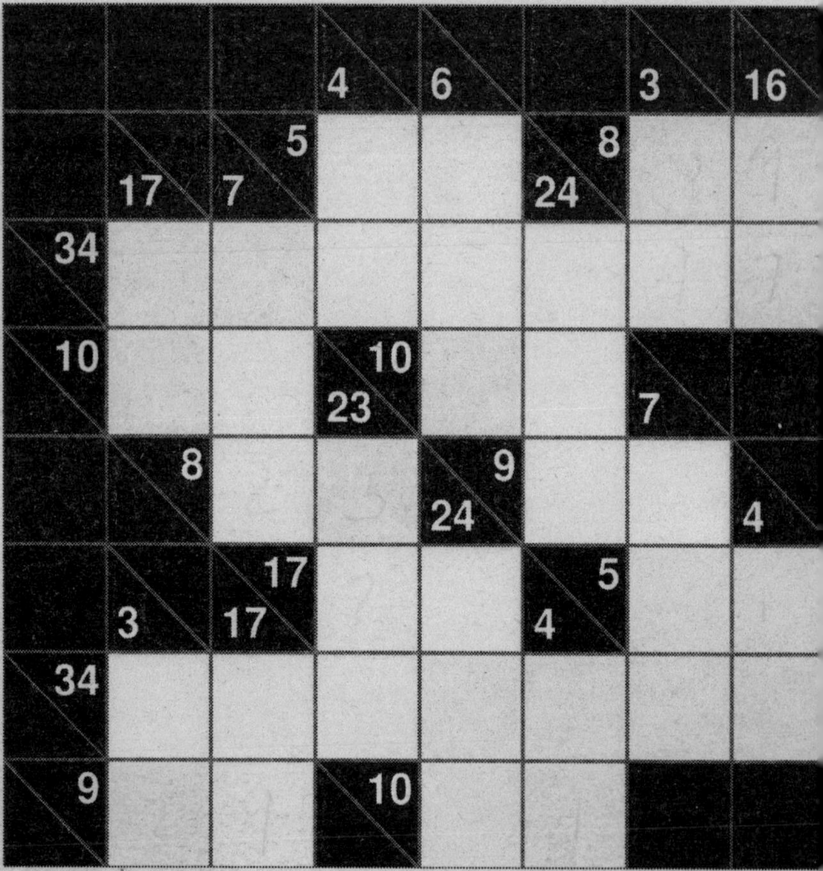

■	■	■	4\	6\	■	3\	16\
■	17\	7\5			24\8		
\34							
\10			23\10			7\	■
■	\8			24\9			4\
■	3\	17\17			4\5		
\34							
\9			\10			■	■

123

■	■	■	■	4\	19\	■	■
■	■	15\	17\10			16\	23\
■	\38						
■	6\11			\11			
\4			23\	■	3\12		
\11				16\4			■
\25							■
■	■	\16			■	■	■

124

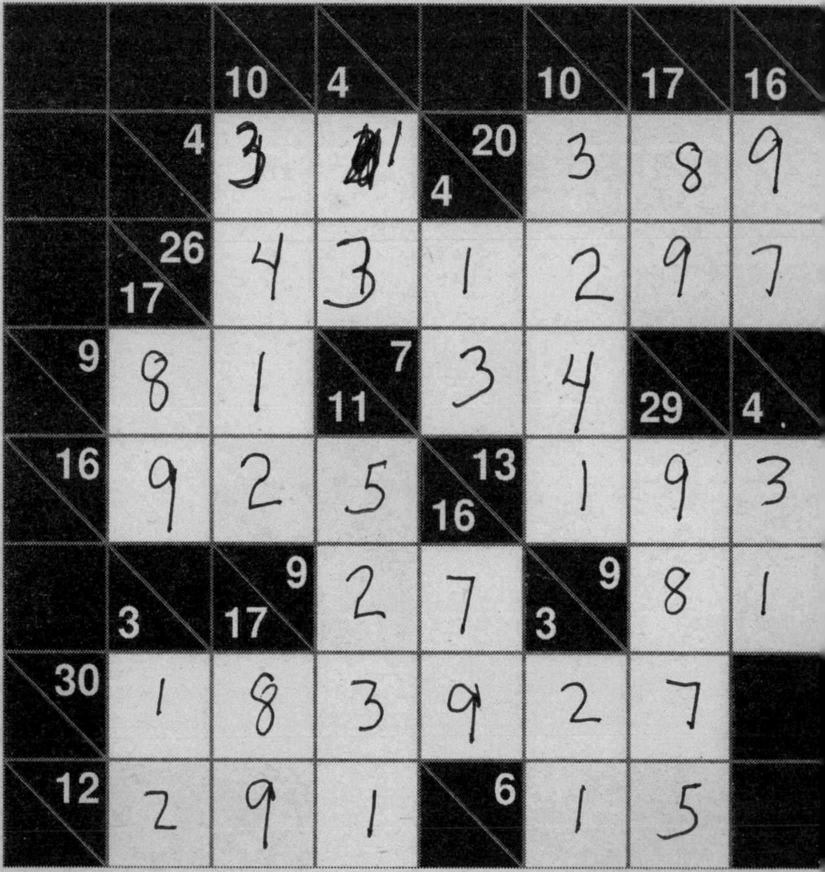

		10	4		10	17	16
	4			20 / 4			
	26 / 17						
9			7 / 11			29	4
16				13 / 16			
	3	9 / 17			9 / 3		
30							
12				6			

125

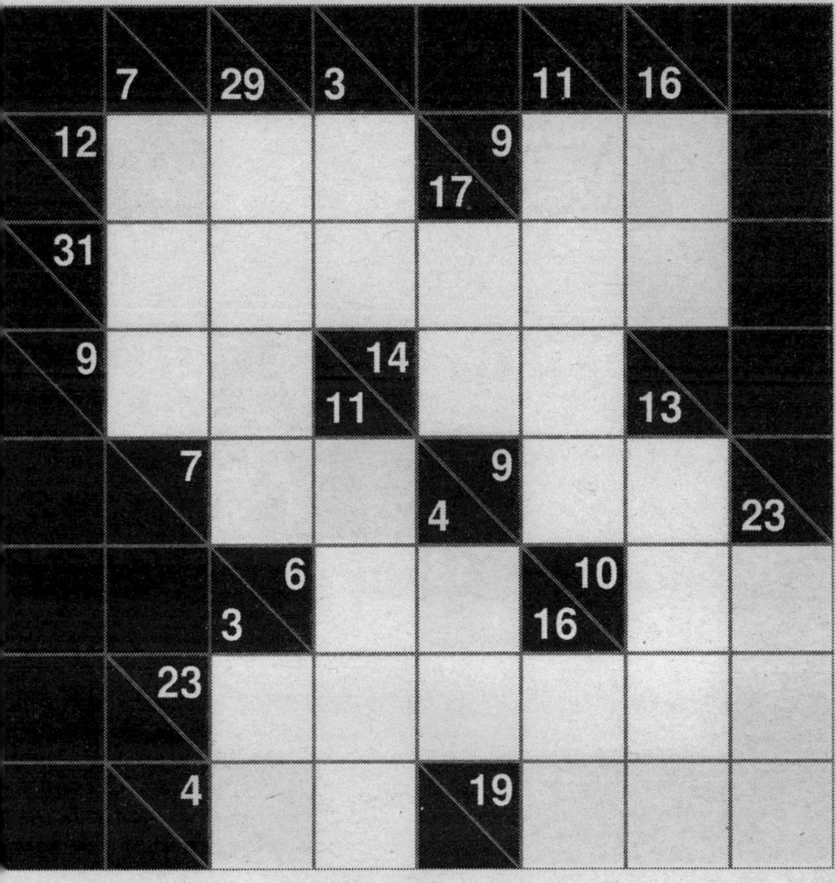

■	↓7	↓29	↓3	■	↓11	↓16	■
→12				↓17 →9			■
→31							■
→9			↓11 →14			↓13	■
■	→7			↓4 →9			↓23
■	■	↓3 →6			↓16 →10		
■	→23						
■	→4			→19			

126

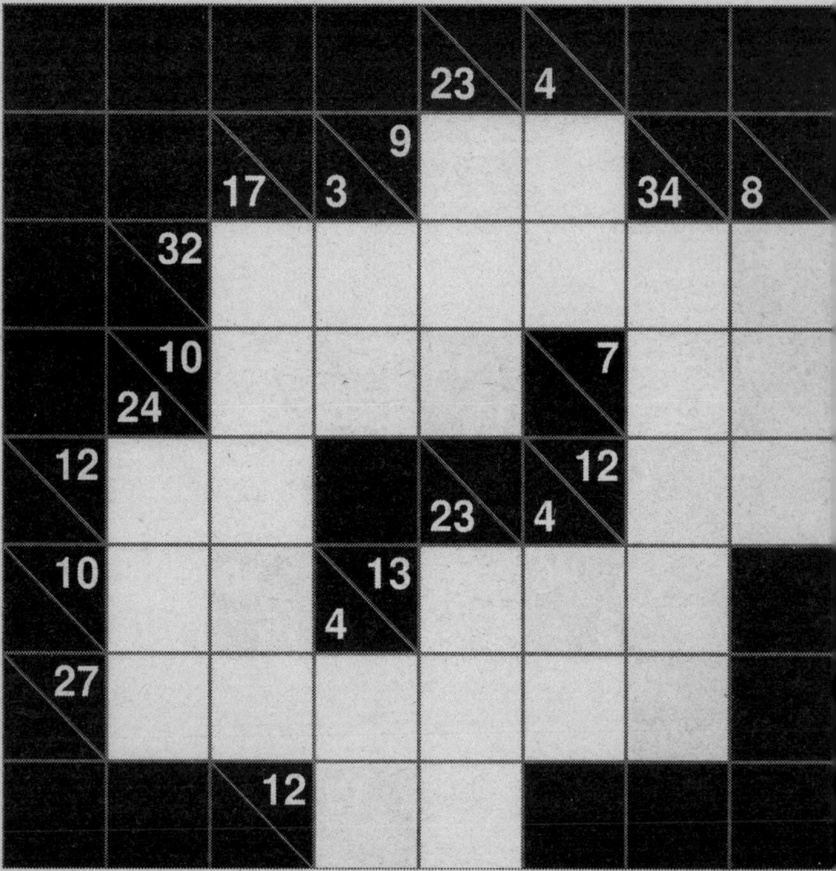

■	■	■	■	23\	4\	■	■
■	■	17\	3\9			34\	8\
■	\32						
■	24\10				\7		
\12			■	23\	4\12		
\10			4\13				■
\27							■
■	■	\12			■	■	■

127

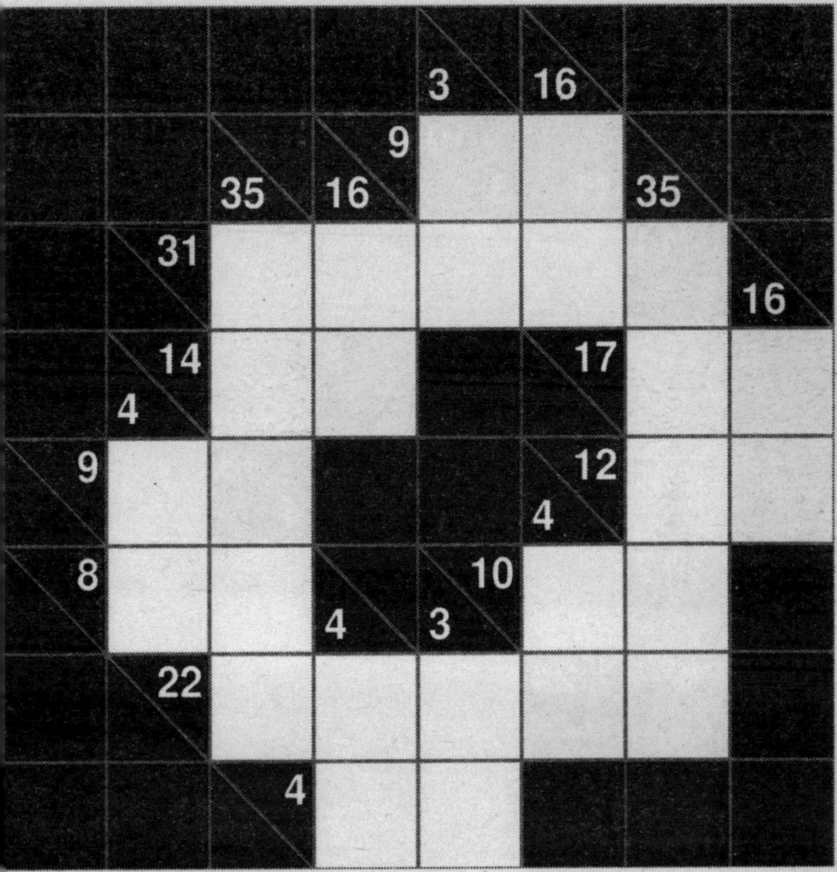

■	■	■	■	3↓	16↓	■	■
■	■	35↓	16↓ 9→			35↓	■
■	31→						16↓
■	4↓ 14→			■	17→		
9→			■	■	4↓ 12→		
8→			4↓	3↓ 10→			■
■	22→						■
■	■	4→			■	■	■

128

■	■	■	■	4\	24\	■	■
■	■	11\	3\10			■	■
■	4\14					10\	■
\8				\9			16\
\4			24\	■	4\8		
■	\12			17\13			
■	■	\24					■
■	■	\15			■	■	■

129

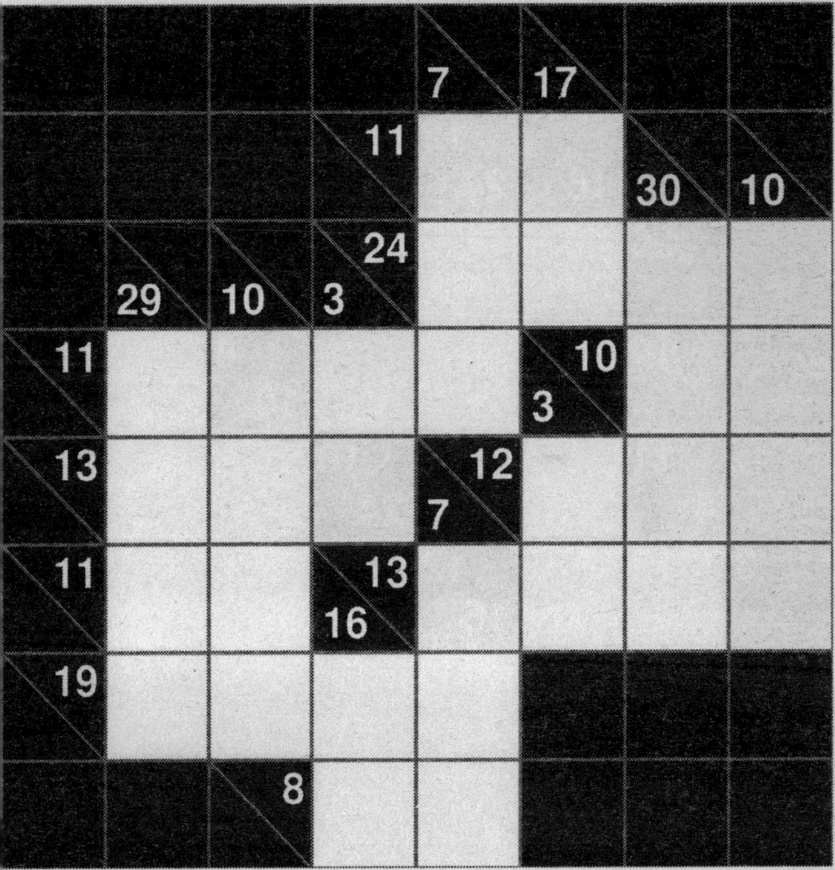

■	■	■	■	7\	17\	■	■
■	■	■	\11			30\	10\
■	29\	10\	3\24				
\11					3\10		
\13				7\12			
\11			16\13				
\19					■	■	■
■	■	\8			■	■	■

130

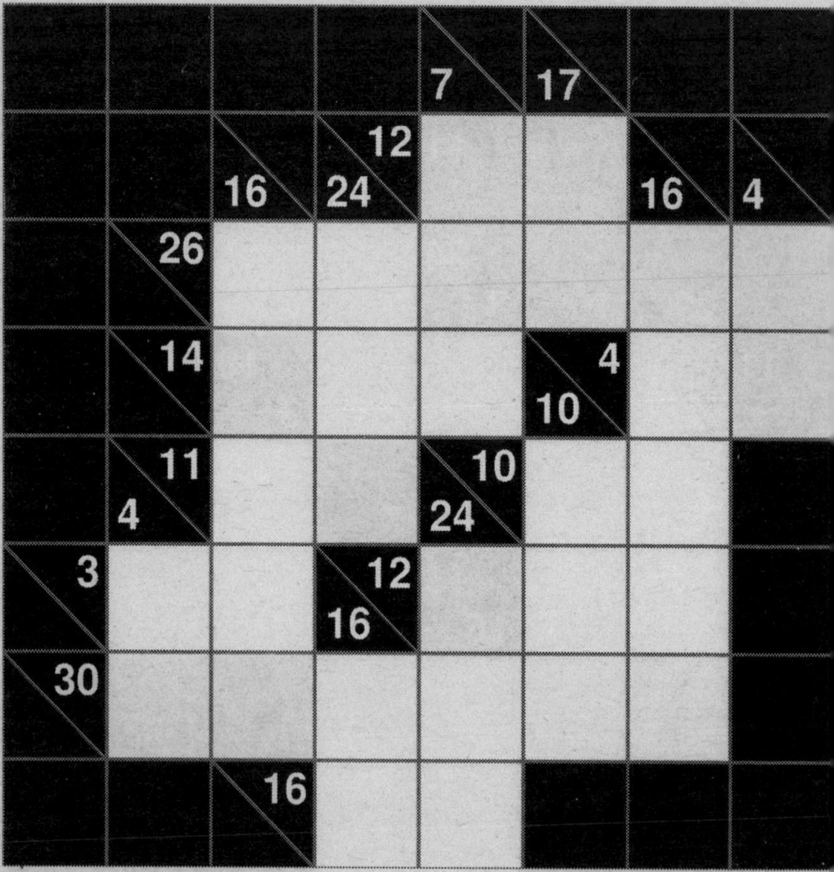

■	■	■	■	↓7	↓17	■	■
■	■	↓16	↓24 →12			↓16	↓4
■	→26						
■	→14				↓10 →4		
■	↓4 →11			↓24 →10			■
→3			↓16 →12				■
→30							■
■	■	→16			■	■	■

131

■	3\	39\	■	6\	3\	■	■
\7			\3			23\	■
\8			17\11				3\
■	4\15				4\7		
\20				22\6			
\9			17\14				4\
■	\23				\3		
■	■	\15			\4		

132

■	■	■	23\	3\	24\	■	■
■	■	\16				29\	10\
■	11\	28\23					
\22				\18			
\6			10\	■	24\11		
\12				4\20			
\19						■	■
■	■	\19				■	■

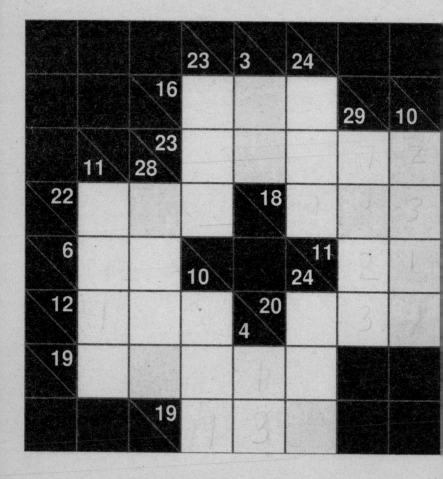

133

■	■	17\	16\	■	■	11\	16\
■	\14			17\	\10		
■	\21				35\12		
■	■	29\17					■
■	\7			3\10			■
■	3\21					17\	■
\9			\19				■
\10			■	\14			■

134

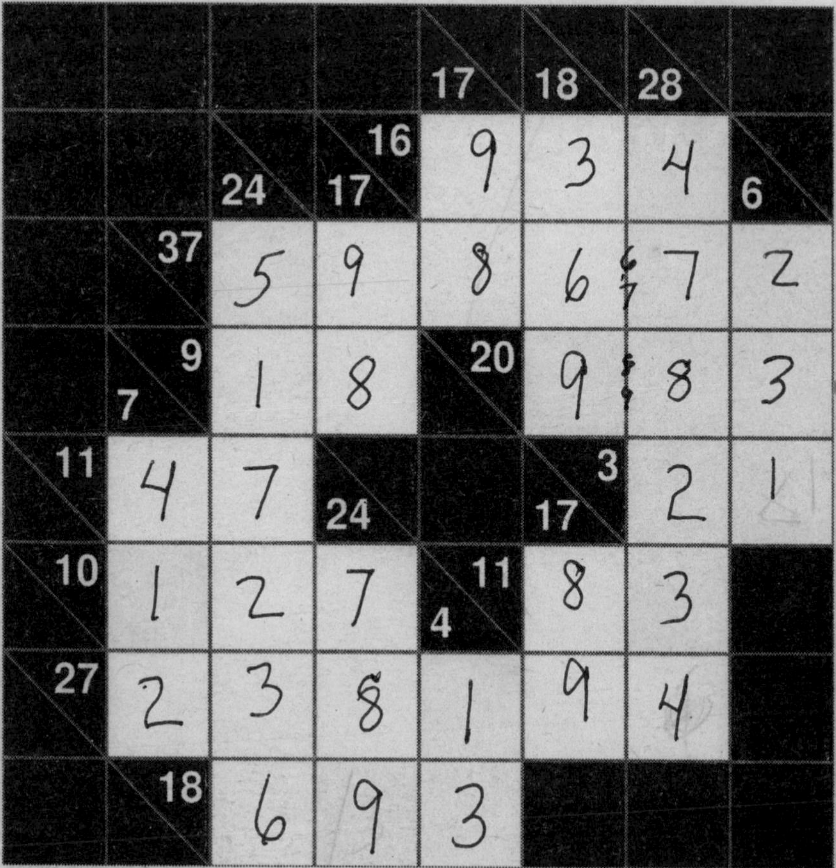

				17	18	28	
		24	17 \ 16				6
	\ 37						
	7 \ 9			\ 20			
\ 11			24		17 \ 3		
\ 10				4 \ 11			
\ 27							
	\ 18						

135

					4\	27\	
	10\	38\		16\3			
\5			17\13				10\
\27					17\5		
\15				16\20			
\11			3\27				
	\18				\6		
	\8						

136

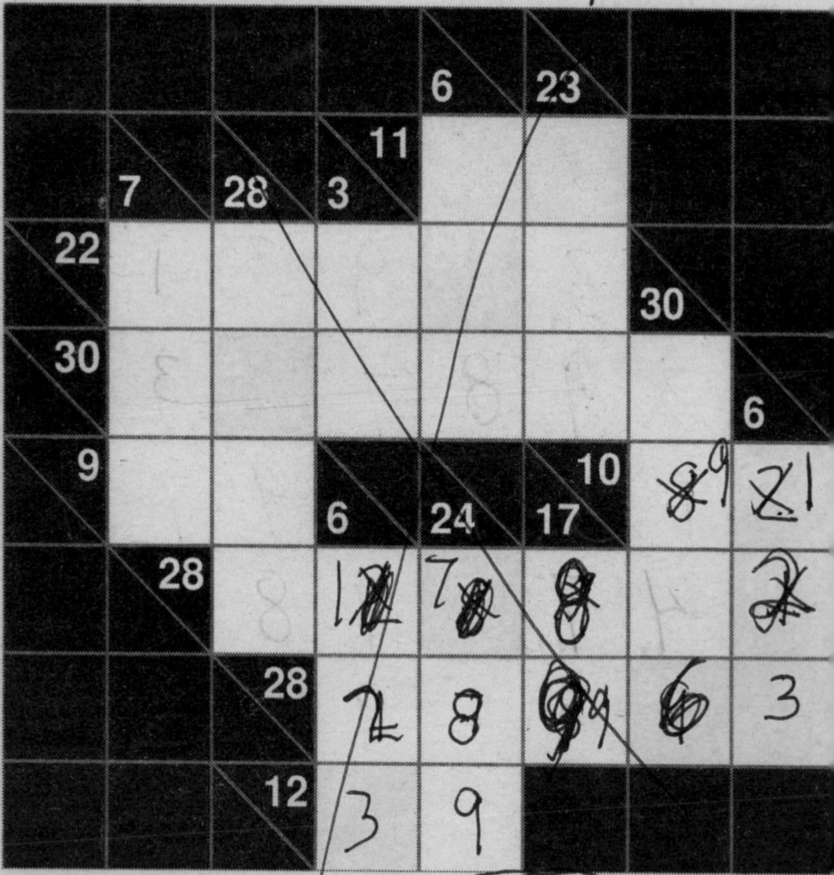

■	■	■	■	6 \	23 \	■	■
■	7 \	28 \	3 \ 11			■	■
\ 22						30 \	■
\ 30							6 \
\ 9			6 \	24 \	17 \ 10		
■	\ 28						
■	■	\ 28					
■	■	\ 12			■	■	■

137

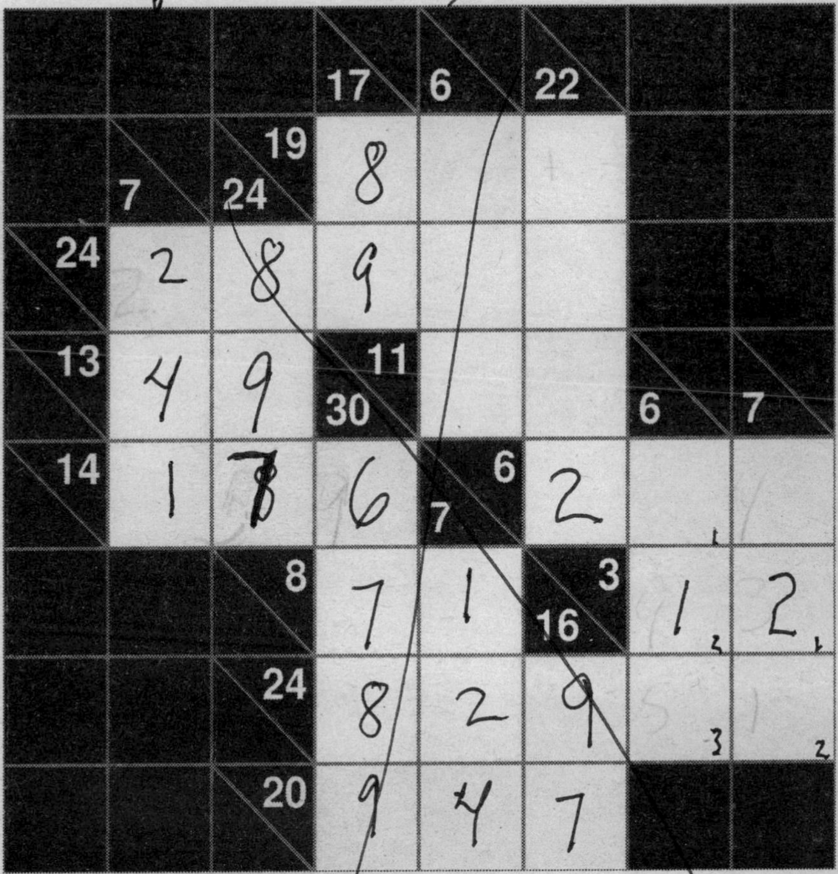

137

■	■	■	17↓	6↓	22↓	■	■
■	7↓	24↓ 19→				■	■
24→						■	■
13→			30↓ 11→			6↓	7↓
14→				7↓ 6→			
■	■	8→			16↓ 3→		
■	■	24→					
■	■	20→				■	■

138

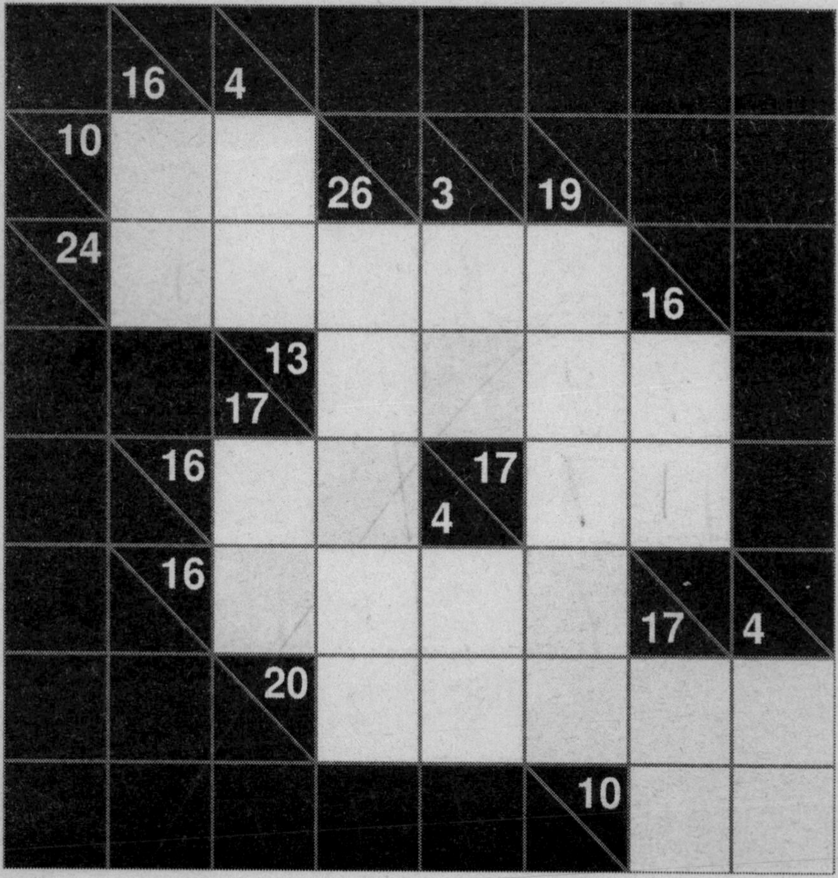

■	16 \	4 \	■	■	■	■	■
\ 10			26 \	3 \	19 \	■	■
\ 24						16 \	■
■	■	17 \ 13					■
■	\ 16			4 \ 17			■
■	\ 16					17 \	4 \
■	■	\ 20					
■	■	■	■	■	\ 10		

139

■	■	10 ↓	17 ↓	6 ↓	30 ↓	■	■
■	4 ↓ / 24 →					■	■
21 →						■	■
3 →			11 ↓ / 10 →			10 ↓	■
■	4 →			6 ↓ / 8 →			17 ↓
■	■	4 →			16 ↓ / 13 →		
■	■	25 →					
■	■	15 →					■

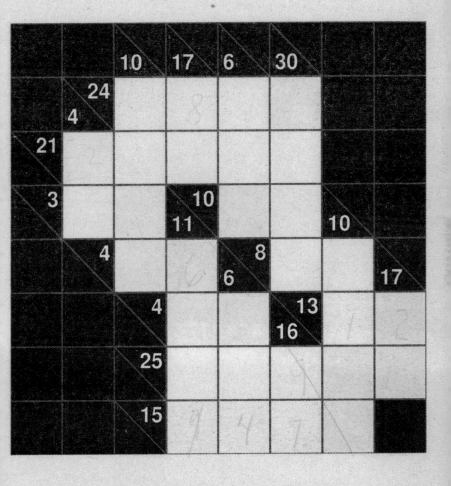

140

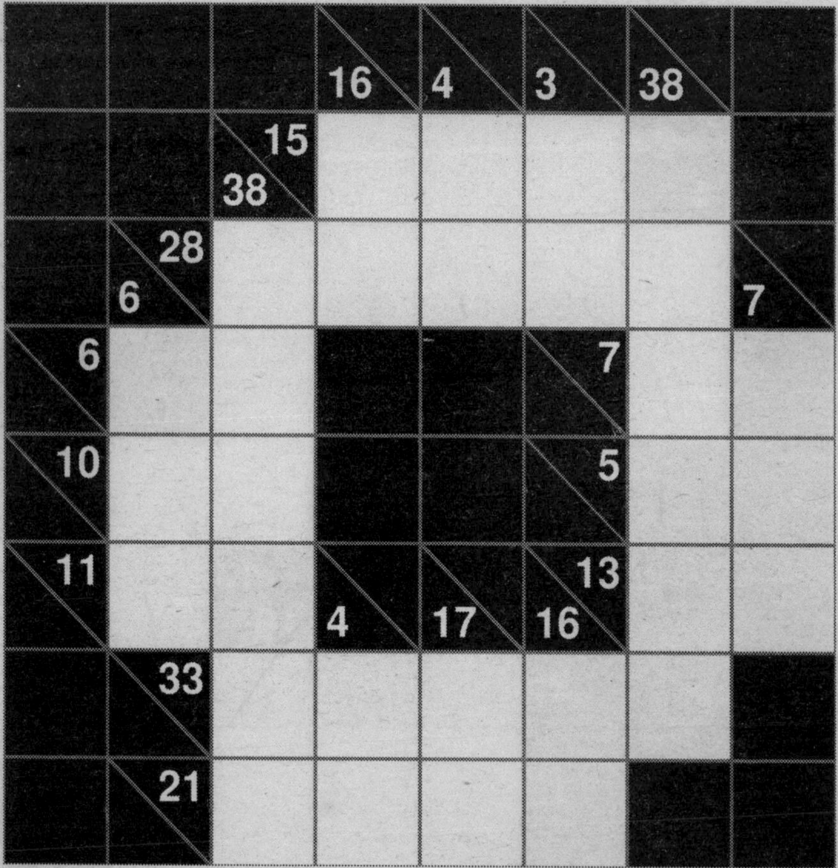

■	■	■	16\	4\	3\	38\	■
■	■	38\15					■
■	6\28						7\
\6			■	■	\7		
\10			■	■	\5		
\11			4\	17\	16\13		
■	\33						■
■	\21					■	■

141

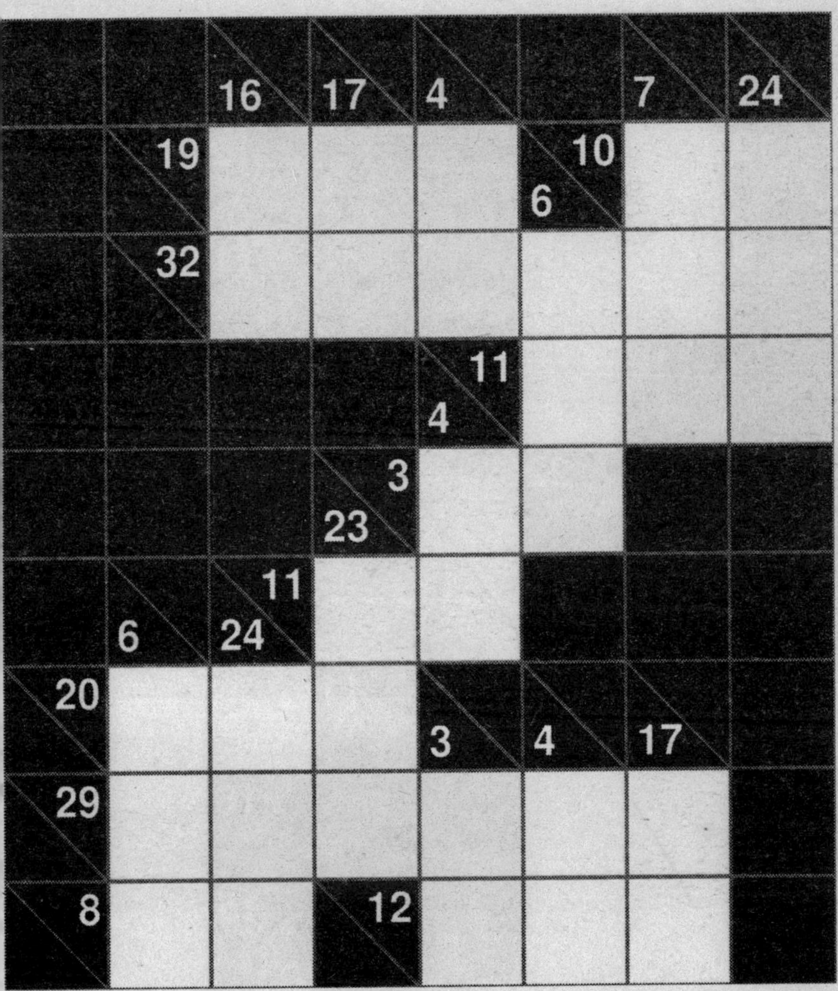

■	■	16\	17\	4\	■	7\	24\
■	\19				6\10		
■	\32						
■	■	■	■	4\11			
■	■	■	23\3			■	■
■	6\	24\11			■	■	■
\20				3\	4\	17\	■
\29							■
\8			\12				■

142

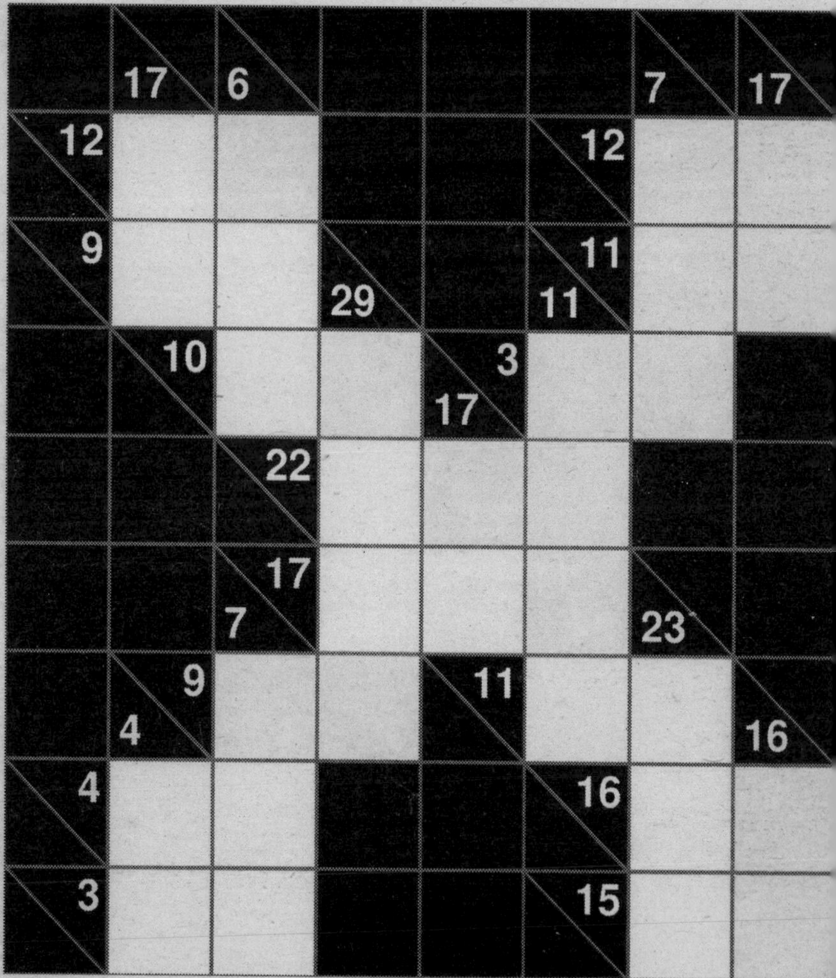

■	17\	6\	■	■	■	7\	17\
\12			■	■	\12		
\9			29\	■	11\11		
■	\10			17\3			■
■	■	\22				■	■
■	■	7\17				23\	■
■	4\9			\11			16\
\4			■	■	\16		
\3			■	■	\15		

143

■	■	■	■	■	■	16\	17\
■	■	29\	16\	■	7\16		
■	17\15			11\19			
\27						29\	■
\16			6\9				16\
■	\17				17\17		
■	17\	3\27					
\11				\16			■
\11			■	■	■	■	■

144

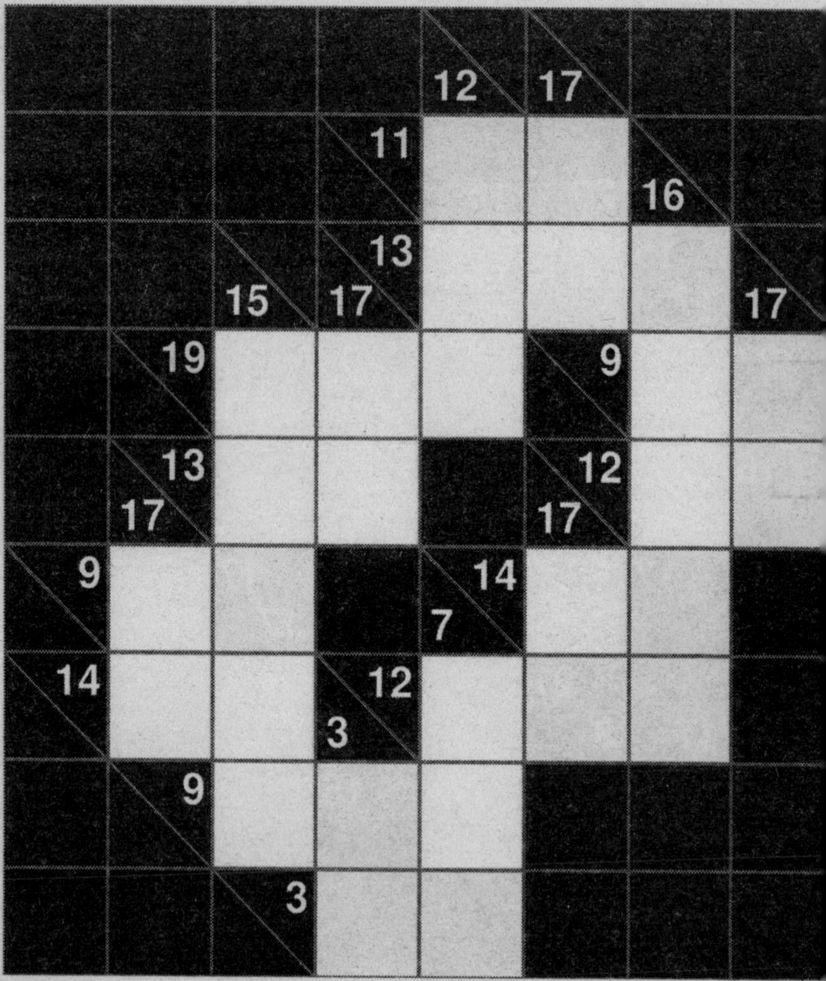

■	■	■	■	12\	17\	■	■
■	■	■	\11			16\	■
■	■	15\	17\13				17\
■	\19				\9		
■	17\13			■	17\12		
\9			■	7\14			■
\14			3\12				■
■	\9				■	■	■
■	■	\3			■	■	■

45

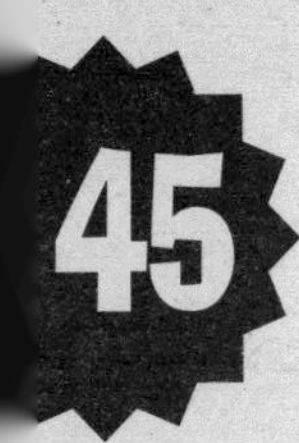

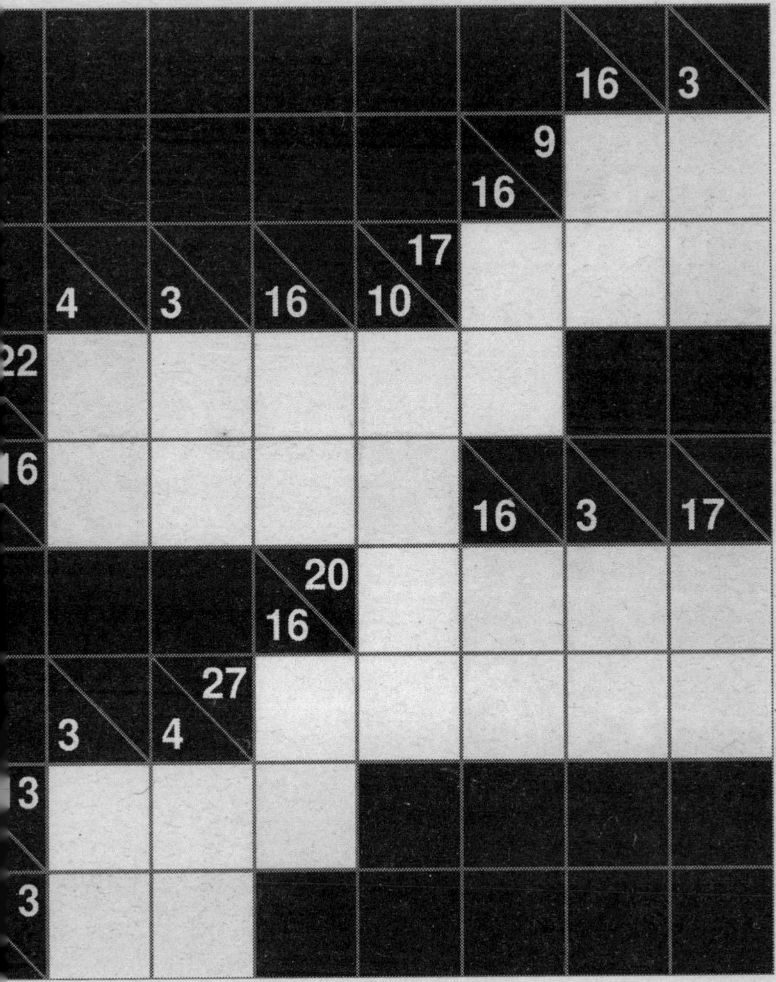

■	■	■	■	■	■	↓16	↓3
■	■	■	■	■	↓16 →9		
■	↓4	↓3	↓16	↓10 →17			
→22						■	■
→16					↓16	↓3	↓17
■	■	■	↓16 →20				
■	↓3	↓4 →27					
→3				■	■	■	■
→3			■	■	■	■	■

146

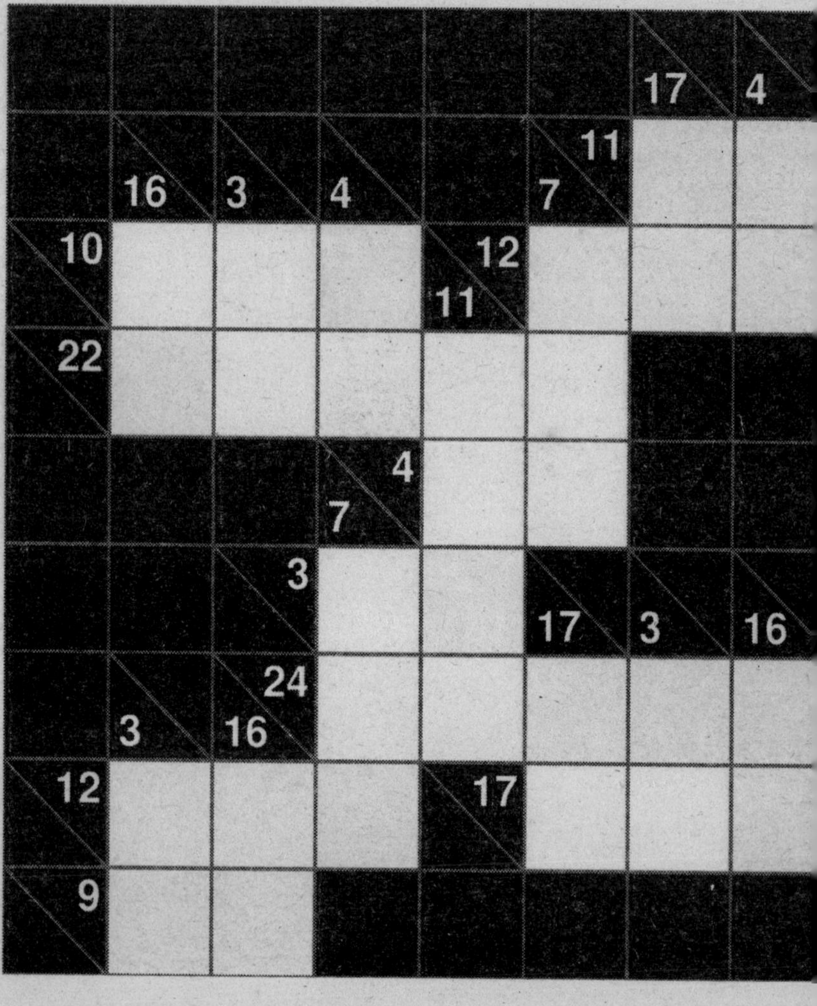

■	■	■	■	■	■	17\	4\
■	16\	3\	4\	■	7\11		
\10				11\12			
\22						■	■
■	■	■	7\4			■	■
■	■	\3			17\	3\	16\
■	3\	16\24					
\12				\17			
\9			■	■	■	■	■

■	■	■	■	■	■	↓10	↓16
■	↓4	↓16	↓20	■	→9		
→0				■	↓24 →10		
→6				↓17 →9			■
■	■	→23				■	■
■	■	↓7 →17				↓16	↓4
■	↓4 →11			→15			
→3			■	→11			
→4			■	■	■	■	■

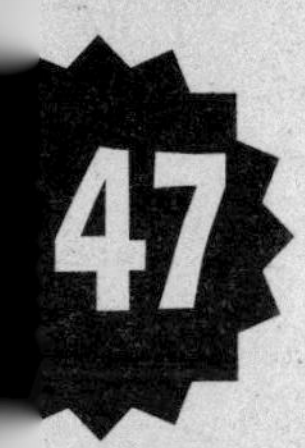

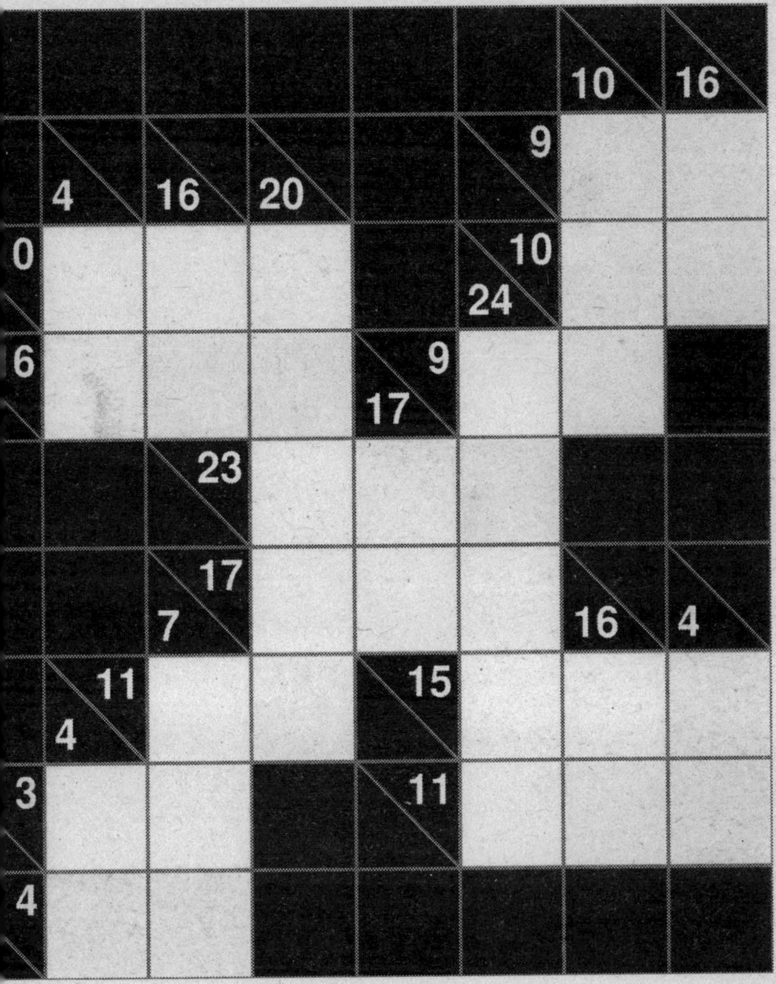

148

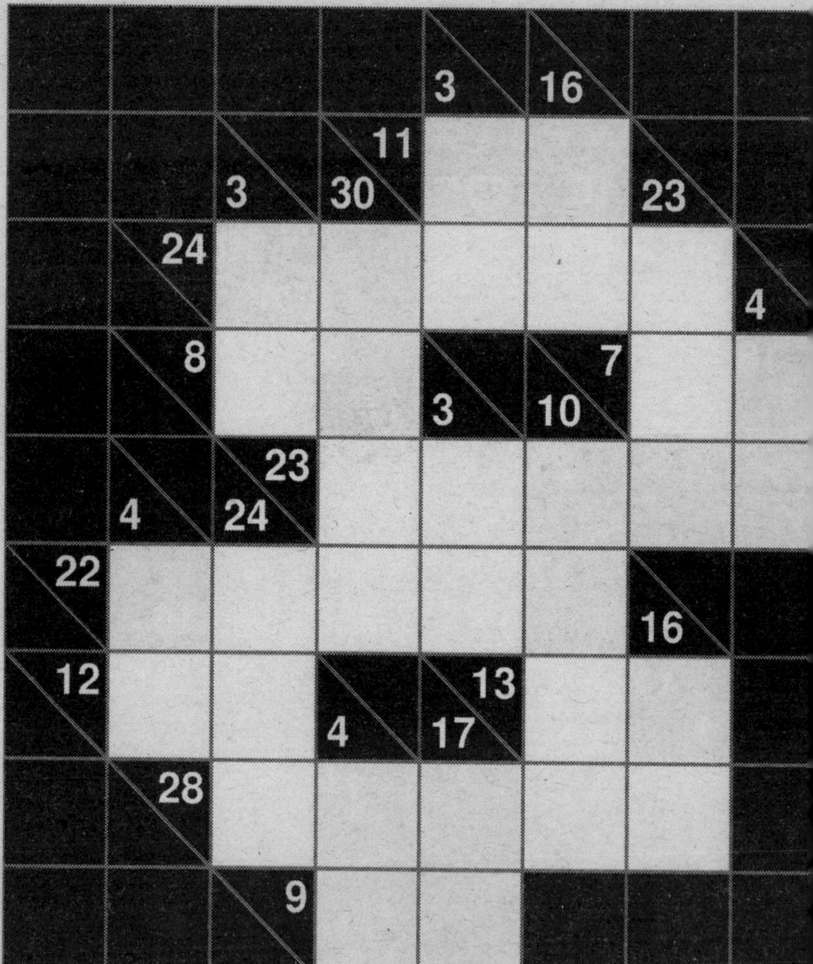

■	■	■	■	3\	16\	■	■
■	■	3\	30\11			23\	■
■	\24						4\
■	\8			3\	10\7		
■	4\	24\23					
\22						16\	■
\12			4\	17\13			■
■	\28						■
■	■	\9			■	■	■

149

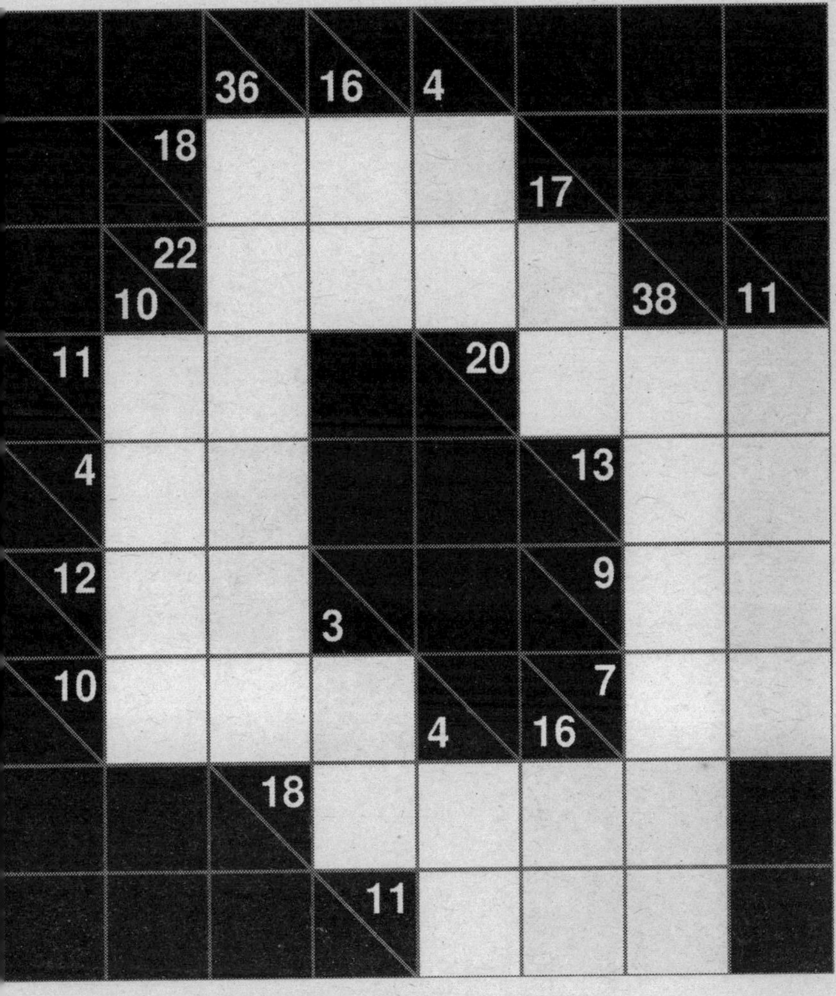

■	■	36\	16\	4\	■	■	■
■	\18				17\	■	■
■	10\22					38\	11\
\11			■	\20			
\4			■	■	\13		
\12			3\	■	\9		
\10				4\	16\7		
■	■	\18					■
■	■	■	\11				■

150

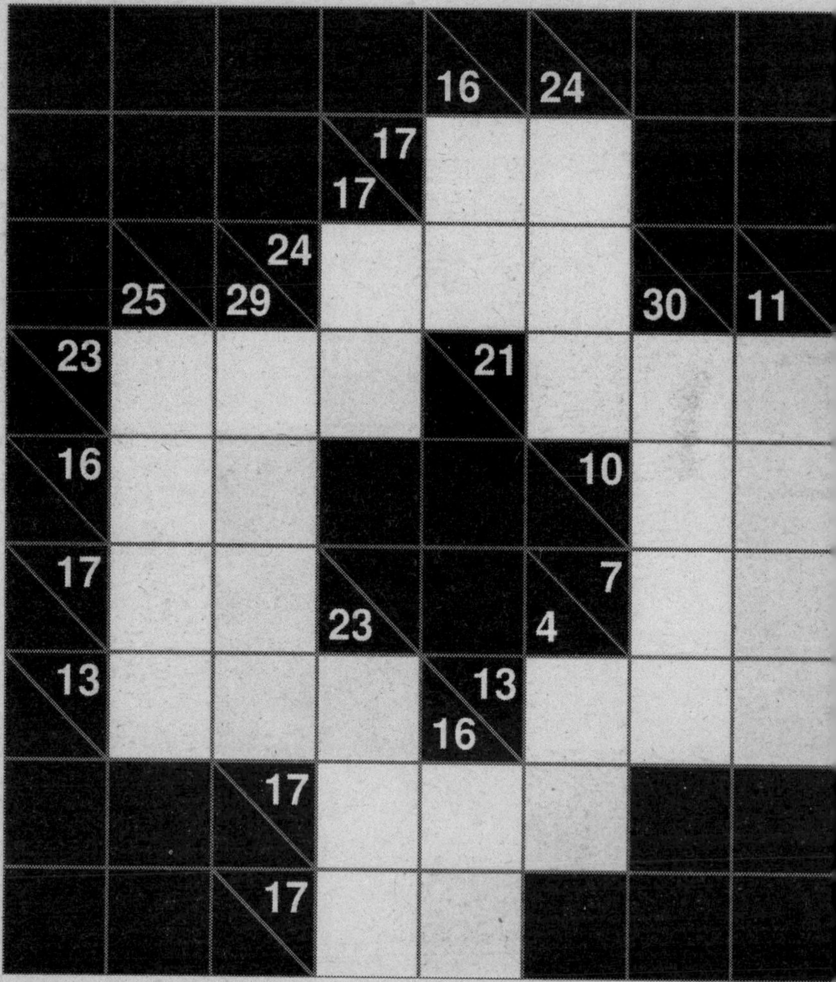

				16\	24\		
			17\17				
	25\	29\24				30\	11\
\23				\21			
\16					\10		
\17			23\		4\7		
\13				16\13			
		\17					
		\17					

151

■	■	4\	29\	38\	■	■	■
■	\17				4\	■	■
■	\17					4\	17\
■	■	\23					
■	17\	3\10			26\11		
\11			17\5			■	■
\29						3\	■
■	■	\25					■
■	■	■	\14				■

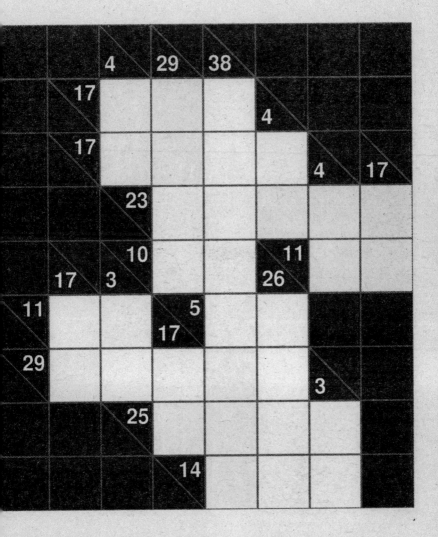

152

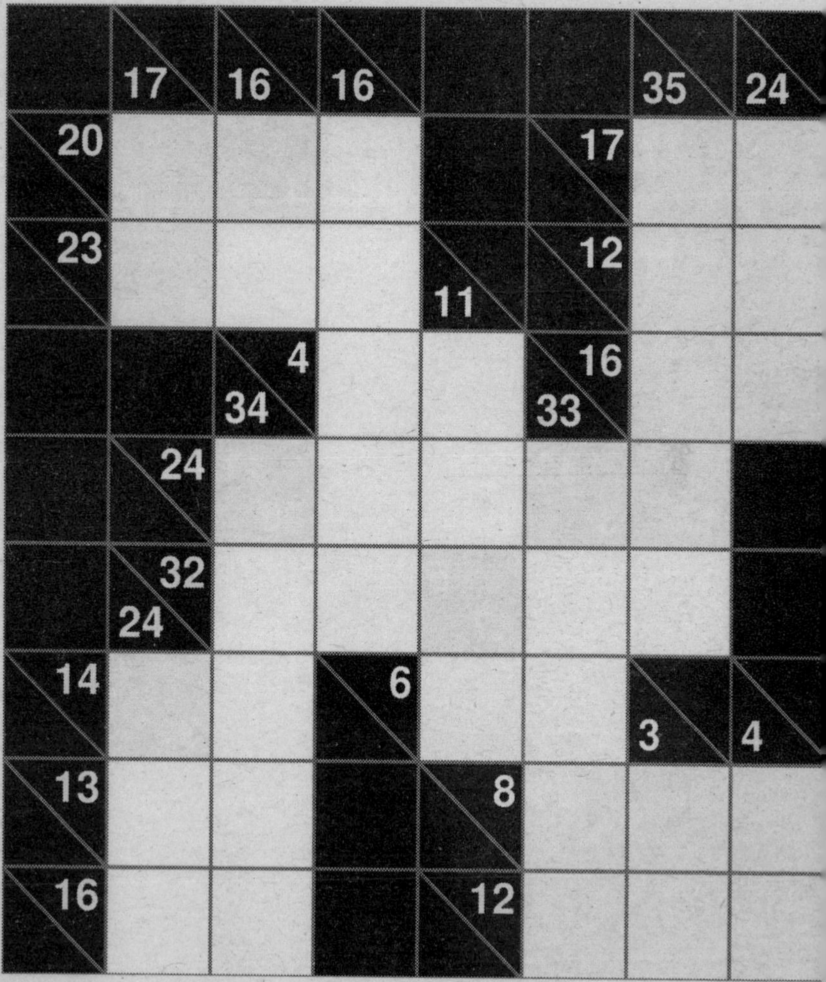

■	17\	16\	16\	■	■	35\	24\
\20				■	\17		
\23				11\	\12		
■	■	34\4			33\16		
■	\24						■
■	24\32						■
\14			\6			3\	4\
\13			■	\8			
\16			■	\12			

■	24\	7\	■	■	3\	16\	4\
\9			■	39\13			
\11			3\16				
\16					■	■	■
■	■	\11			16\	■	■
■	■	■	\15			7\	23\
■	3\	4\	16\22				
\20					\12		
\10				■	\10		

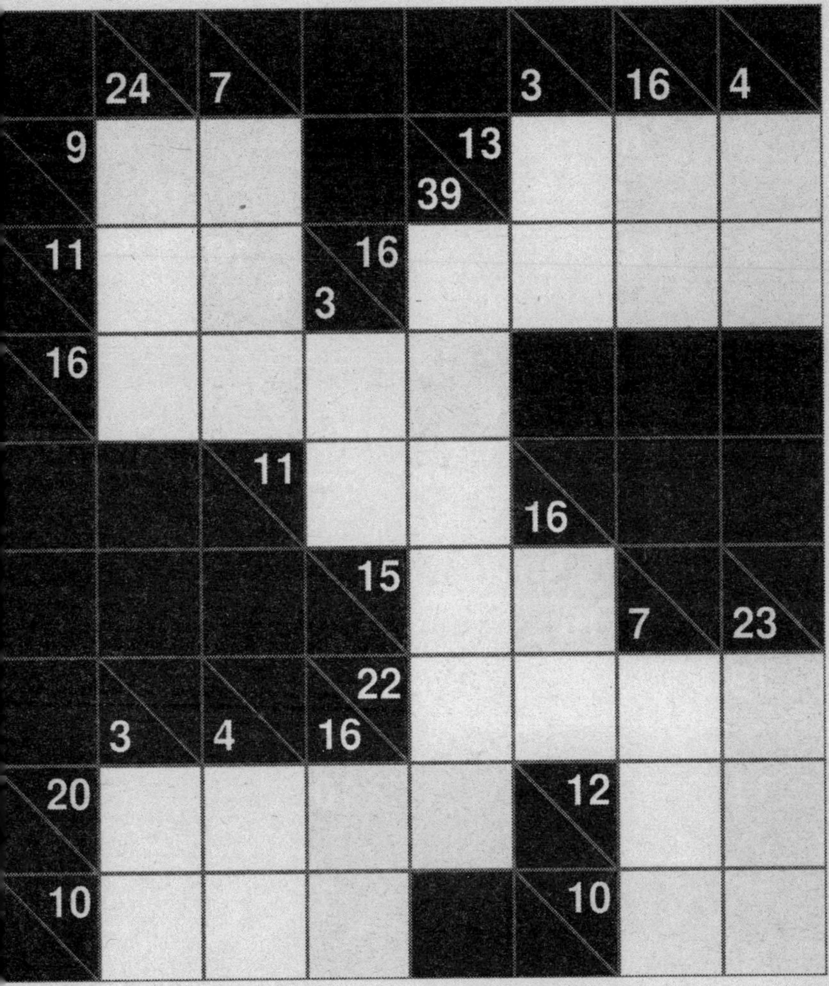

154

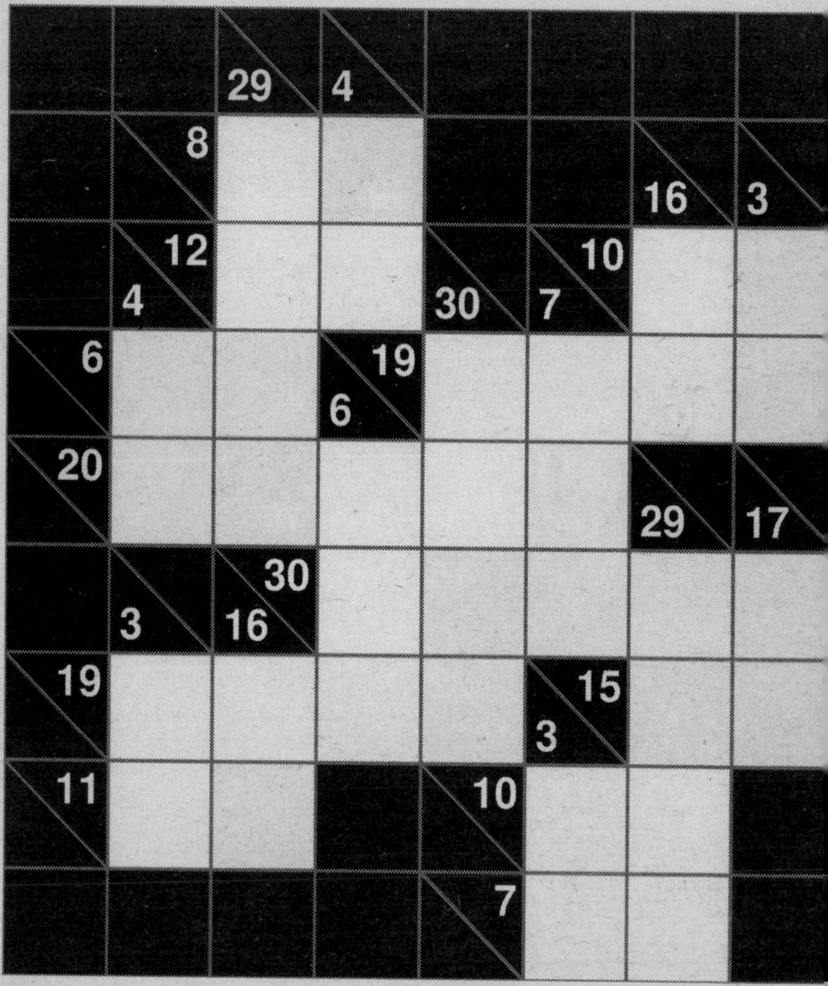

		29\	4\				
	\8					16\	3\
	4\12			30\	7\10		
\6			6\19				
\20						29\	17\
	3\	16\30					
\19					3\15		
\11				\10			
				\7			

155

■	3\	39\	■	4\	19\	■	■
\9			\12			■	■
\11			3\8			33\	■
■	16\9			3\10			16\
\16					4\11		
\14			6\21				
■	\5			16\4			4\
■	■	\11			\6		
■	■	\10			\9		

156

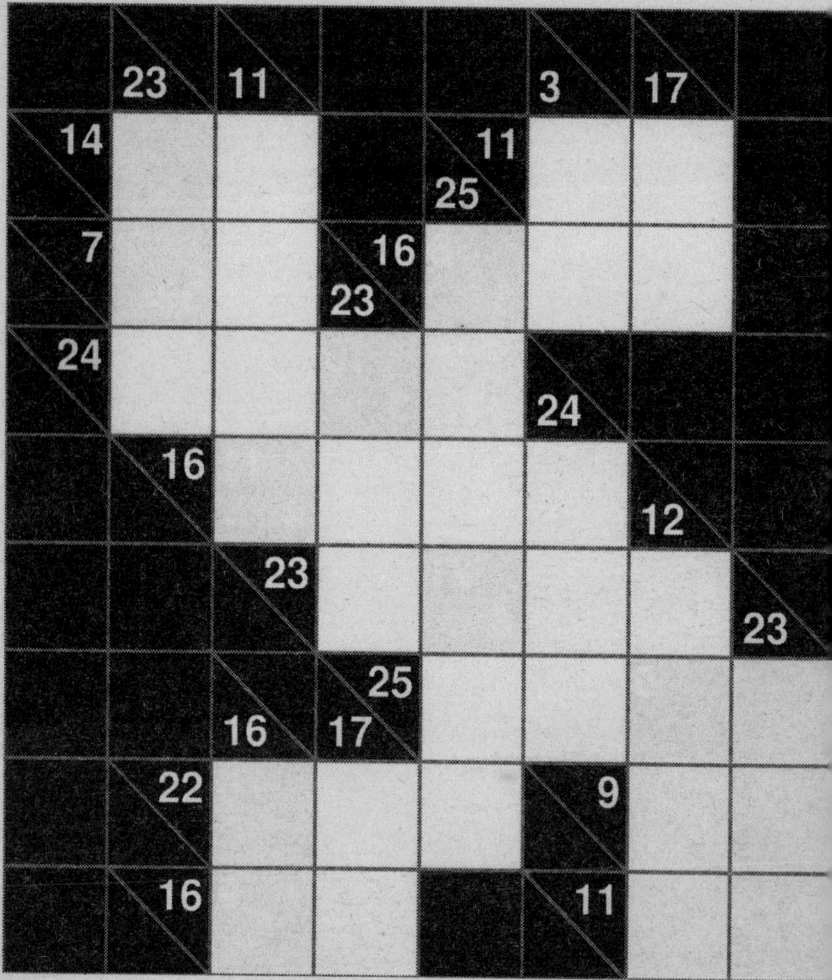

■	23\	11\	■	■	3\	17\	■
\14			■	25\11			■
\7			23\16				■
\24					24\	■	■
■	\16					12\	■
■	■	\23					23\
■	■	16\	17\25				
■	\22				\9		
■	\16			■	\11		

157

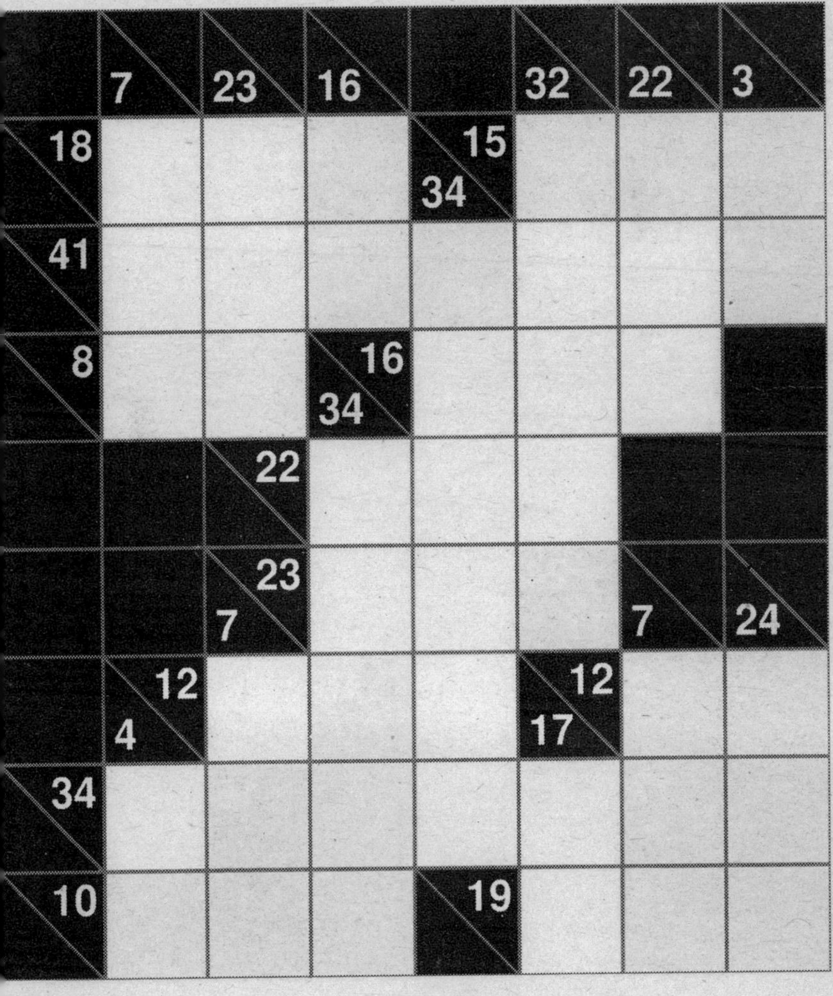

	7\	23\	16\		32\	22\	3\
\18				34\15			
\41							
\8			34\16				
		\22					
		7\23				7\	24\
	4\12				17\12		
\34							
\10				\19			

158

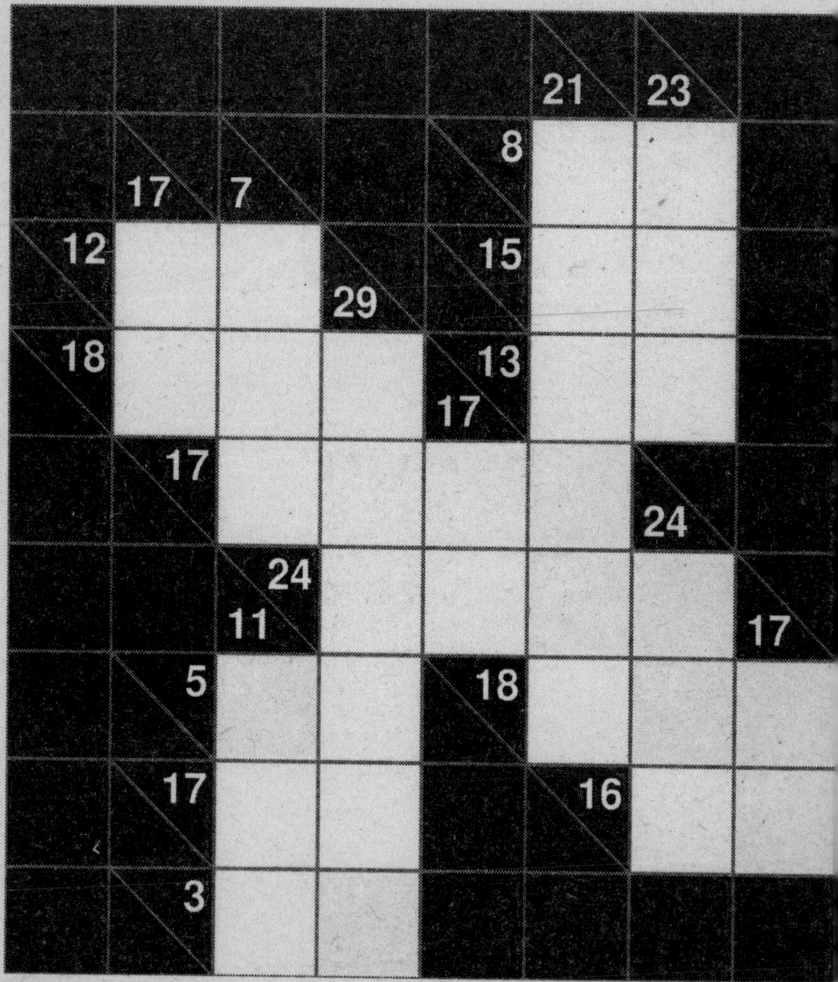

■	■	■	■	■	21\	23\	■
■	17\	7\	■	\8			■
\12			29\	\15			■
\18				17\13			■
■	\17					24\	■
■	■	11\24					17\
■	\5			\18			
■	\17			■	\16		
■	\3			■	■	■	■

159

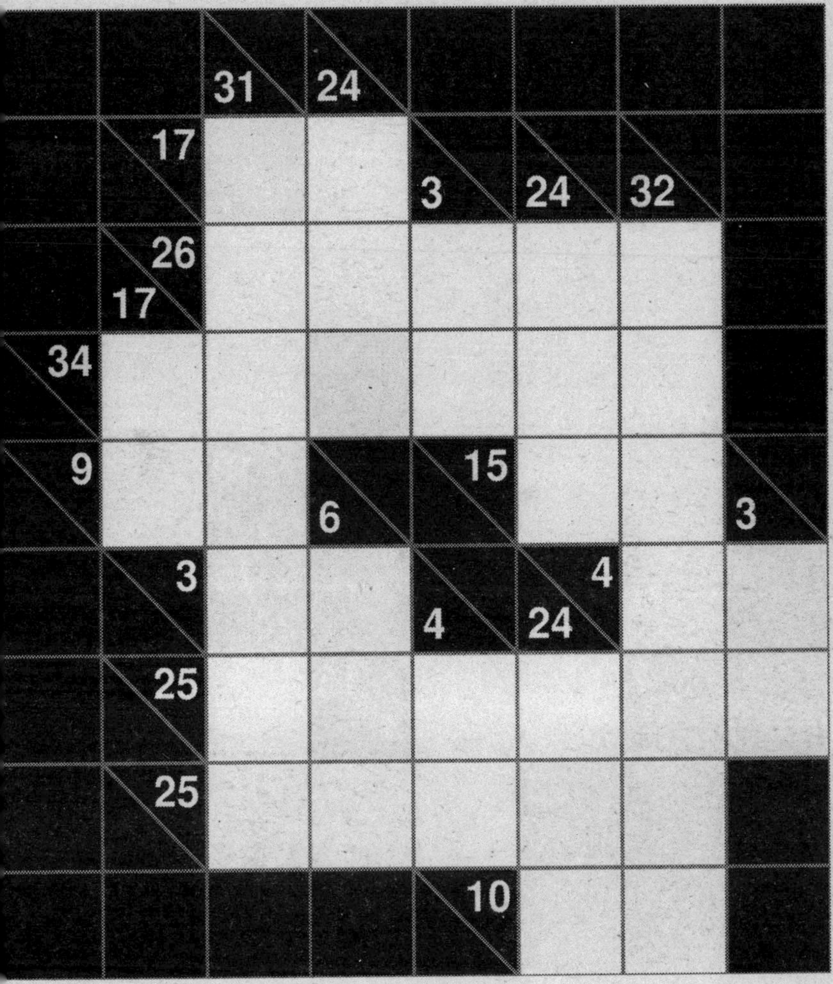

■	■	31\	24\	■	■	■	■
■	\17			3\	24\	32\	■
■	17\26						■
\34							■
\9			6\	\15			3\
■	\3			4\	24\4		
■	\25						
■	\25						■
■	■	■	■	\10			■

160

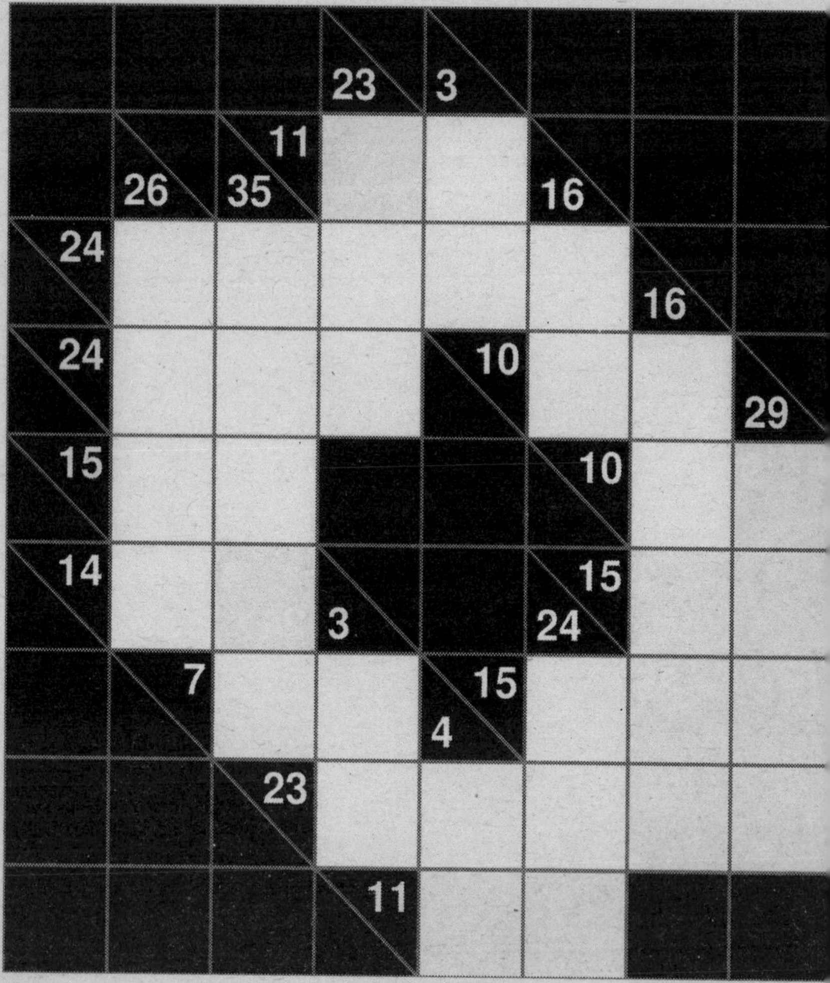

■	■	■	23\	3\	■	■	■
■	26\	35\11			16\	■	■
\24						16\	■
\24				\10			29\
\15			■	■	\10		
\14			3\	■	24\15		
■	\7			4\15			
■	■	\23					
■	■	■	\11			■	■

161

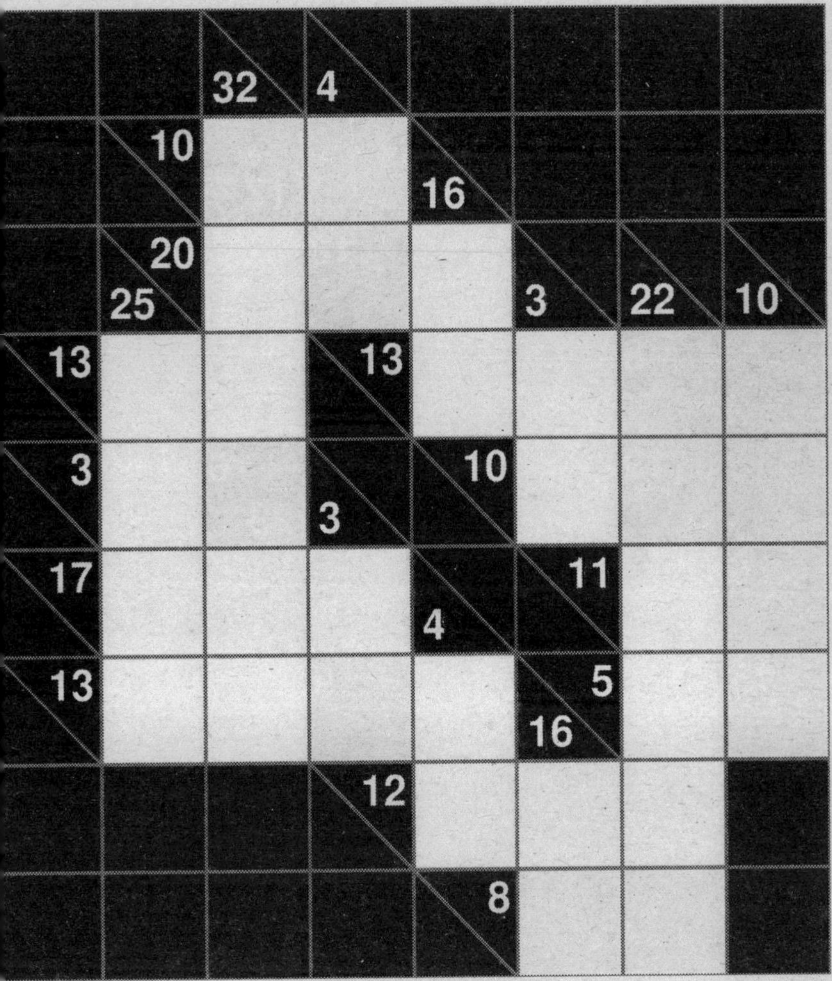

		32	4				
	10			16			
	25 \ 20				3	22	10
13			13				
3			3	10			
17				4	11		
13					16 \ 5		
			12				
				8			

162

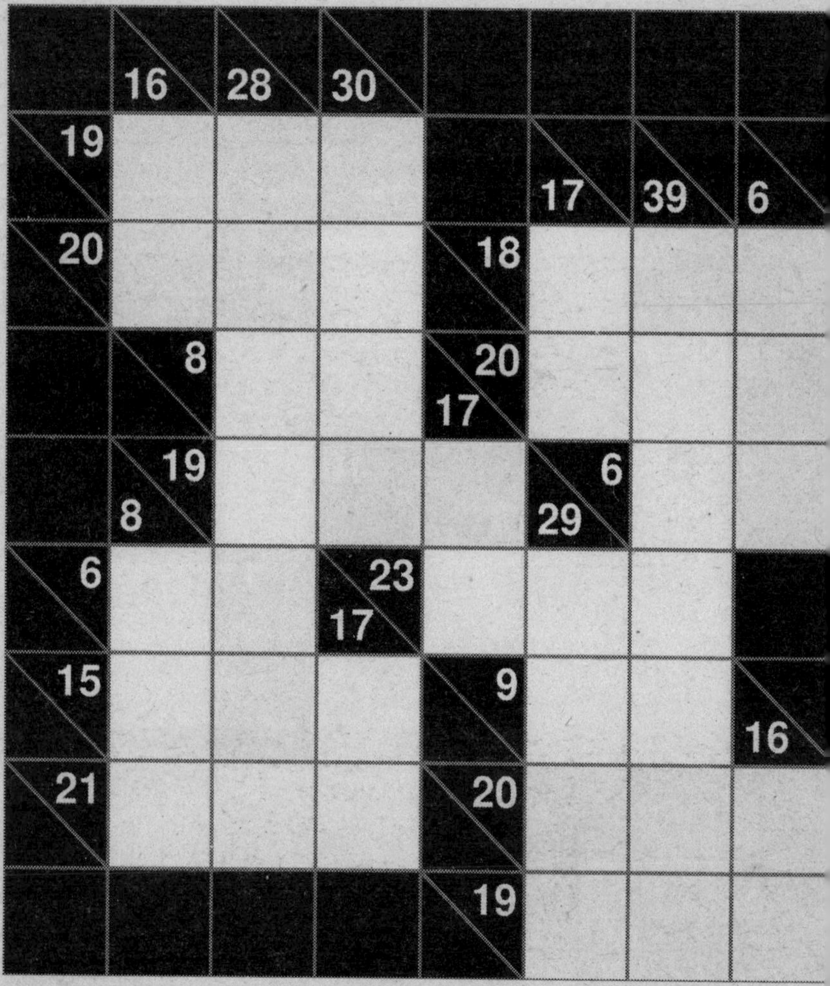

■	16\	28\	30\	■	■	■	■
\19				■	17\	39\	6\
\20				\18			
■	\8			17\20			
■	8\19				29\6		
\6			17\23				■
\15				\9			16\
\21				\20			
■	■	■	■	\19			

ANSWERS

1

	4\	16\	30\		
\19	3	9	7		
\14	1	7	6	16\	4\
		\19	9	7	3
		\18	8	9	1

2

	17\	3\			
\9	8	1	4\		
\14	9	2	3	17\	4\
		\12	1	8	3
			\10	9	1

3

	3\	4\			
\4	1	3	16\		
\10	2	1	7	3\	4\
		\12	9	2	1
			\4	1	3

4

				4\	3\
			16\4	3	1
	16\	4\10	7	1	2
\19	7	3	9		
\10	9	1			

5

				3\	17\
			3\9	1	8
	17\	16\12	1	2	9
\18	9	7	2		
\17	8	9			

6

			30\	3\	17\
		\17	7	1	9
	17\	3\19	9	2	8
\15	8	1	6		
\19	9	2	8		

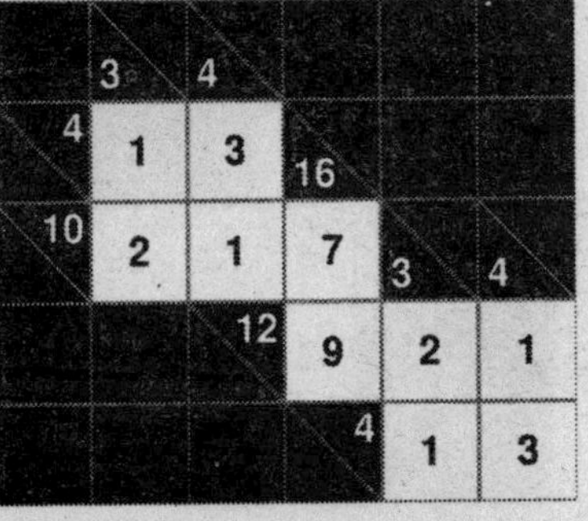

ANSWERS

7

			29	3	4
		12	9	2	1
	16	3 \ 11	7	1	3
19	9	2	8		
13	7	1	5		

8

	16	4	14		
10	7	1	2		
18	9	3	6	3	17
		11	1	2	8
		15	5	1	9

9

			10	3	4
		8	4	1	3
	16	17 \ 6	3	2	1
19	9	8	2		
17	7	9	1		

10

	4	16	29		
19	3	7	9		
18	1	9	8	16	3
		18	7	9	2
		13	5	7	1

11

			11	3	17
		11	1	2	8
	17	16 \ 15	5	1	9
18	9	7	2		
20	8	9	3		

12

	4	7			
4	3	1	3	24	
16	1	4	2	9	4
	14	2	1	8	3
			8	7	1

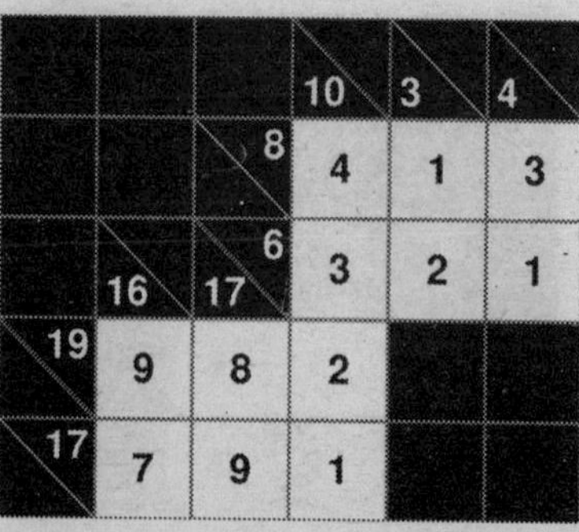

ANSWERS

13

				6\	3\
		23\	17\5	3	2
	4\17	6	8	2	1
\21	3	8	9	1	
\10	1	9			

14

				23\	16\
		6\	4\13	6	7
	17\21	1	3	8	9
\20	8	2	1	9	
\12	9	3			

15

			24\	6\	17\
		8\12	3	1	8
	4\20	1	8	2	9
\10	1	2	4	3	
\17	3	5	9		

16

	16\	3\	12\		
\10	7	2	1		
\13	9	1	3	3\	16\
		\12	2	1	9
		\15	6	2	7

17

				24\	6\
	7\	24\	3\11	9	2
\23	4	9	2	7	1
\21	2	7	1	8	3
\9	1	8			

18

		23\	11\		
	17\11	8	3	7\	4\
\21	9	6	1	2	3
\24	8	9	2	4	1
		\6	5	1	

ANSWERS

19

			11\	7\	
	17\	24\5	3	2	4\
\22	9	7	2	1	3
\27	8	9	5	4	1
	\9	8	1		

20

			30\	23\	3\
		7\17	9	6	2
	16\22	4	8	9	1
\25	9	1	7	8	
\15	7	2	6		

21

				8\	23\
	24\	7\	16\12	3	9
\30	9	2	7	4	8
\28	8	4	9	1	6
\8	7	1			

22

				7\	24\
	7\	23\	17\10	1	9
\26	1	6	9	2	8
\30	2	9	8	4	7
\12	4	8			

23

			11\	7\	4\
		23\6	2	1	3
	17\17	9	5	2	1
\19	8	6	1	4	
\20	9	8	3		

24

		24\	11\		
	3\9	7	2	21\	4\
\21	2	8	3	7	1
\26	1	9	5	8	3
		\7	1	6	

ANSWERS

25

	4\	17\				
\11	3	8	17\	4\		
\21	1	9	8	3	4\	16\
		\20	9	1	3	7
				\10	1	9

26

					3\	16\
			3\	4\10	1	9
	4\	17\13	1	3	2	7
\15	3	9	2	1		
\9	1	8				

27

	16\	4\	7\			
\11	7	3	1	6\		
\16	9	1	4	2	17\	16\
		\20	2	1	8	9
			\19	3	9	7

28

	17\	4\				
\12	9	3	16\	17\		
\25	8	1	7	9	4\	3\
		\21	9	8	3	1
				\3	1	2

29

					17\	16\
			4\	16\16	9	7
	3\	16\27	3	7	8	9
\19	2	7	1	9		
\10	1	9				

30

				6\	3\	17\
			23\13	3	1	9
	3\	16\20	9	1	2	8
\16	1	7	6	2		
\19	2	9	8			

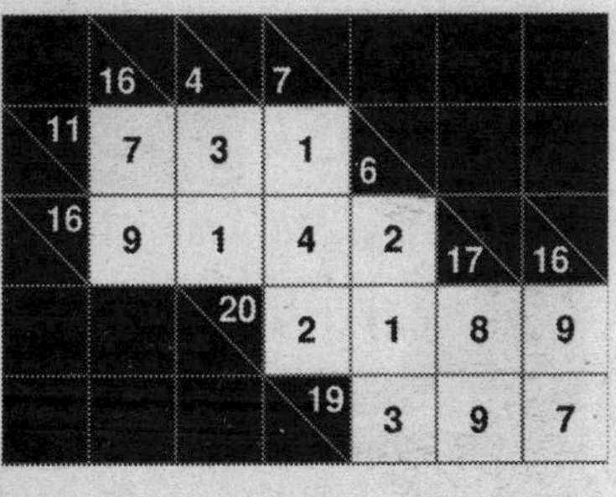

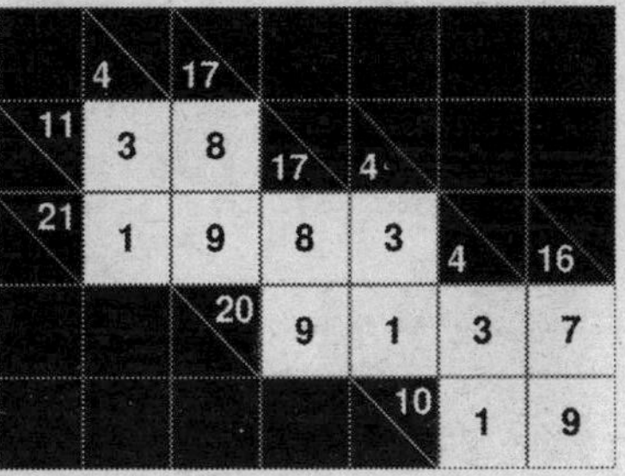

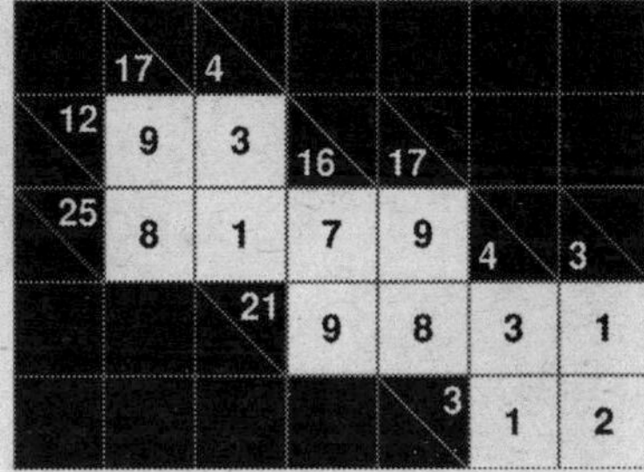

31

	↓3	↓4				
→3	2	1	↓17	↓16		
→21	1	3	8	9	↓3	↓4
		→20	9	7	1	3
				→3	2	1

32

					↓3	↓17
			↓16	↓3 →11	2	9
	↓16	↓4 →18	7	2	1	8
→20	7	3	9	1		
→10	9	1				

33

	↓16	↓17	↓7			
→21	9	8	4	↓12		
→25	7	9	1	8	↓16	↓3
		→13	2	3	7	1
			→12	1	9	2

34

	↓4	↓3	↓23			
→13	3	1	9	↓23		
→18	1	2	6	9	↓4	↓16
		→22	8	6	1	7
			→20	8	3	9

35

	↓17	↓3	↓6			
→13	8	2	3	↓24		
→20	9	1	2	8	↓4	↓17
		→21	1	9	3	8
			→17	7	1	9

36

	↓3	↓24	↓23			
→15	1	8	6	↓23	↓6	
→26	2	9	8	6	1	↓3
	→27	7	9	8	2	1
			→14	9	3	2

ANSWERS

37

■	17\	24\	7\	■	■	■
\17	9	7	1	7\	22\	■
\25	8	9	2	1	5	16\
■	\30	8	4	2	9	7
■	■	■	\21	4	8	9

38

■	16\	3\	7\	■	■	■
\12	9	1	2	23\	■	■
\22	7	2	4	9	16\	4\
■	■	\17	1	6	7	3
■	■	■	\18	8	9	1

39

■	4\	3\	24\	■	■	■
\11	1	2	8	23\	■	■
\21	3	1	9	8	17\	4\
■	■	\27	7	9	8	3
■	■	■	\16	6	9	1

40

■	■	■	■	23\	4\	16\
■	■	■	8\20	8	3	9
■	3\	16\18	4	6	1	7
\19	2	7	1	9	■	■
\13	1	9	3	■	■	■

41

■	16\	10\	■	24\	10\	■
\8	7	1	6\10	8	2	■
\25	9	3	2	7	4	16\
■	\22	2	1	9	3	7
■	\7	4	3	\10	1	9

42

■	■	12\	23\	■	11\	17\
■	\7	1	6	24\10	2	8
■	16\29	2	8	7	3	9
\31	7	6	9	8	1	■
\12	9	3	\14	9	5	■

ANSWERS

43

	16\	30\		6\	12\	
\17	9	8	23\6	1	5	
\27	7	9	6	3	2	17\
	\27	7	9	2	1	8
	\14	6	8	\13	4	9

46

	28\	10\			29\	25\
\10	8	2	4\	3\17	8	9
\32	9	4	3	1	7	8
\26	5	3	1	2	9	6
\7	6	1		\7	5	2

44

		11\	24\		11\	23\
	7\8	1	7	24\9	1	8
\34	4	5	9	8	2	6
\30	1	2	8	7	3	9
\5	2	3	\14	9	5	

47

			30\	10\		
	4\	3\10	9	1	17\	16\
\32	3	1	8	4	9	7
\29	1	2	6	3	8	9
		\9	7	2	[illegible]	[illegible]

45

	17\	6\	11\	29\		
\17	8	3	1	5	23\	
\30	9	1	5	7	8	4\
	\21	2	3	9	6	1
		\22	2	8	9	3

48

	3\	4\	23\			
\13	1	3	9	23\		
\20	2	1	8	9	4\	16\
		\22	6	8	1	7
			\18	6	3	9

ANSWERS

49

			17\	29\	
	16\	10\16	9	7	
\28	7	4	8	9	4\
\11	9	2	16\6	5	1
	\21	1	9	8	3
	\10	3	7		

50

			4\	30\	
	3\	29\11	3	8	
\14	2	5	1	6	4\
\8	1	7	4\12	9	3
	\20	9	3	7	1
	\9	8	1		

51

			17\	29\	
		11\16	9	7	4\
	17\21	1	8	9	3
\13	8	5	3\6	5	1
\22	9	3	2	8	
	\3	2	1		

52

			17\	30\	
	17\	11\16	9	7	
\25	9	2	8	6	3\
\13	8	5	3\10	9	1
	\14	3	1	8	2
	\3	1	2		

53

			3\	30\	
	17\	29\7	1	6	
\23	9	5	2	7	3\
\15	8	7	4\9	8	1
	\20	8	1	9	2
	\12	9	3		

54

		11\	17\		
	16\12	3	9	29\	
\29	7	5	8	9	17\
\11	9	2	3\15	7	8
	\17	1	2	5	9
		\9	1	8	

ANSWERS

55

		32	3	19	
	4\9	5	1	3	
13	3	7	2	1	16
4	1	3	16\14	5	9
	26	8	9	2	7
	24	9	7	8	

56

			3	11	
	16	11\7	2	5	
15	9	3	1	2	16
8	7	1	16\10	3	7
	19	2	7	1	9
	14	5	9		

57

		29	16	18	
	3\14	5	7	2	
22	2	8	9	3	17
4	1	3	3\16	7	9
	23	9	1	5	8
	7	4	2	1	

58

		11	17		
	4\10	1	9	30	
23	3	5	8	7	16
3	1	2	3\17	8	9
	21	3	2	9	7
		7	1	6	

59

	7	30	16		
15	2	6	7	11	
22	4	8	9	1	24
8	1	7	3\11	3	8
	19	9	1	2	7
		16	2	5	9

60

			3	11	
	17	19\6	1	5	
16	9	4	2	1	17
11	8	3	17\10	2	8
	27	7	8	3	9
	14	5	9		

ANSWERS

61

		30\	4\		
	16\9	8	1	20\	
\20	9	7	3	1	17\
\13	7	6	3\12	3	9
	\26	9	2	7	8
		\10	1	9	

62

			4\	25\	
	17\	11\9	3	6	
\21	8	3	1	9	4\
\10	9	1	16\3	2	1
	\25	5	9	8	3
	\9	2	7		

63

		16\	16\	28\	
	4\11	3	7	1	
\24	3	4	9	8	3\
\3	1	2	4\4	3	1
	\18	6	1	9	2
	\11	1	3	7	

64

			4\	29\	
	23\	11\12	3	9	23\
\22	8	2	1	5	6
\10	9	1	3\15	7	8
\29	6	5	1	8	9
	\5	3	2		

65

			17\	11\	30\
	25\	11\21	9	5	7
\22	5	1	8	2	6
\12	9	3	4\10	1	9
\24	7	5	1	3	8
\9	4	2	3		

66

			3\	30\	
	24\	29\10	2	8	7\
\29	8	9	1	7	4
\16	9	7	17\10	9	1
\28	7	5	8	6	2
	\17	8	9		

ANSWERS

67

		28\	4\		
	7\7	6	1	11\	23\
\27	2	8	3	5	9
\13	4	9	17\8	2	6
\26	1	5	9	3	8
		\9	8	1	

68

		17\	3\	28\	
	7\6	2	1	3	20\
\21	1	3	2	7	8
\5	4	1	3\4	1	3
\26	2	6	1	8	9
	\16	5	2	9	

69

			16\	30\	
	6\	22\16	9	7	8\
\29	1	9	7	8	4
\11	3	8	16\12	9	3
\22	2	4	9	6	1
	\8	1	7		

70

			17\	29\	10\
	11\	29\15	8	5	2
\28	2	5	9	8	4
\12	3	9	3\8	7	1
\26	5	8	1	9	3
\10	1	7	2		

71

		17\	3\	15\	
	\7	1	2	4	4\
	17\12	6	1	2	3
\13	8	5	16\4	3	1
\20	9	3	7	1	
	\16	2	9	5	

72

				17\	16\
		17\	11\17	8	9
	\27	8	3	9	7
	\11	9	2	3\	
	16\	3\3	1	2	
\17	9	2	5	1	
\8	7	1			

ANSWERS

73

	17\	16\		7\	24\
\16	9	7	30\10	1	9
\32	8	9	6	2	7
	23\	6\21	9	4	8
\14	6	1	7	3\	16\
\27	9	2	8	1	7
\11	8	3	\11	2	9

74

				17\	3\
		3\	12\9	8	1
	\16	1	4	9	2
	\3	2	1	17\	
	3\	17\10	2	8	
\23	1	8	5	9	
\11	2	9			

75

	16\	3\		24\	6\
\9	7	2	11\9	8	1
\22	9	1	2	7	3
	23\	6\12	1	9	2
\13	9	1	3	16\	3\
\24	8	3	5	7	1
\8	6	2	\11	9	2

76

			38\	3\	16\
		3\18	7	2	9
	\16	2	6	1	7
	\4	1	3	4\	
	16\	4\11	8	3	
\18	9	3	5	1	
\17	7	1	9		

77

				24\	7\
			19\11	9	2
		\16	7	8	1
	23\	7\20	9	7	4
\15	9	4	2		
\11	8	2	1		
\7	6	1			

78

			17\	31\	
	23\	15\9	8	1	
\25	6	2	9	8	7\
\14	9	5	\13	9	4
\12	8	4	3\7	6	1
	\13	3	1	7	2
	\3	1	2		

ANSWERS

79

	17\	4\		6\	3\
\9	8	1	30\4	3	1
\22	9	3	7	1	2
		23\11	9	2	
	4\17	9	8	4\	16\
\25	3	8	6	1	7
\7	1	6	\12	3	9

82

		22\	38\	4\	3\
	\14	5	6	1	2
	\21	8	9	3	1
	\16	9	7	23\	
	3\	4\9	3	6	
\16	2	1	5	8	
\21	1	3	8	9	

80

	17\	4\		24\	3\
\11	8	3	10\10	9	1
\22	9	1	3	7	2
		6\9	1	8	
	3\3	1	2	4\	16\
\19	1	2	4	3	9
\5	2	3	\8	1	7

83

	24\	17\			
\16	9	7	24\		
\22	8	9	5		
\10	7	1	2	12\	23\
		\20	9	3	8
		\15	8	1	6
			\17	8	9

81

	17\	12\	39\		
\16	9	2	5		
\13	8	1	4		
	\16	9	7	7\	
		\12	8	4	4\
		\9	6	2	1
		\13	9	1	3

84

	3\	17\		6\	7\
\10	1	9	29\3	1	2
\19	2	8	5	3	1
	23\	6\13	7	2	4
\18	8	1	9	17\	4\
\28	6	2	8	9	3
\12	9	3	\9	8	1

ANSWERS

85

	17\	3\	21\		
\16	8	2	6	17\	
\20	9	1	2	8	
		16\12	3	9	
	\8	7	1	4\	17\
	\23	9	5	1	8
		\16	4	3	9

86

	24\	7\			
\11	9	2	30\		
\14	7	1	6		
\21	8	4	9	6\	23\
		\19	8	2	9
		\14	7	1	6
			\11	3	8

87

		12\	31\		
	16\17	8	9		
\20	9	3	8		
\14	7	1	6	21\	4\
		\7	2	4	1
		\16	5	8	3
		\10	1	9	

88

		4\	30\	24\	
	\12	3	1	8	4\
	\13	1	2	7	3
	3\	7\17	7	9	1
\8	2	1	5	17\	
\22	1	4	9	8	
	\17	2	6	9	

89

		25\	17\	22\	
	\15	6	8	1	18\
	24\28	7	9	4	8
\12	7	5	\14	5	9
\13	9	4	16\4	3	1
\18	8	1	7	2	
	\18	2	9	7	

90

		38\	4\	39\	
	\11	6	1	4	
	3\20	8	3	9	3\
\11	2	9	\8	7	1
\6	1	5	4\10	8	2
	\10	3	1	6	
	\15	7	3	5	

ANSWERS

91

	3\	16\	25\		
\16	1	7	8	17\	
\20	2	9	1	8	
		16\11	2	9	
	\12	7	5	3\	17\
	\25	9	6	2	8
		\13	3	1	9

92

	16\	23\			
\8	7	1	10\		
\18	9	8	1	12\	
	\15	9	4	2	
	\9	5	3	1	17\
		\13	2	3	8
			\15	6	9

93

		7\	22\	4\	16\
	\17	4	3	1	9
	\16	1	5	3	7
	\9	2	7	23\	
	16\	3\7	1	6	
\19	7	1	2	9	
\23	9	2	4	8	

94

			3\	34\	
	27\	17\11	2	9	25\
\20	5	2	1	4	8
\7	6	1	\16	7	9
\12	7	5	4\7	6	1
\28	9	3	1	8	7
	\9	6	3		

95

	16\	3\			9\	17\
\11	9	2	7\	\11	2	9
\10	7	1	2	24\9	1	8
		23\15	1	8	6	
	16\21	8	4	9	17\	3\
\15	9	6	\18	7	9	2
\16	7	9		\9	8	1

96

	16\	17\				
\16	7	9	30\	10\	16\	
\34	9	8	6	4	7	
		16\17	7	1	9	
	\19	9	8	2	3\	17\
	\28	7	9	3	1	8
				\11	2	9

ANSWERS

97

					4\	16\
	17\	4\		24\12	3	9
\12	9	3	6\16	8	1	7
\18	8	1	2	7	3\	16\
	3\	17\20	3	9	1	7
\12	2	9	1	\11	2	9
\9	1	8				

98

			11\	4\		
		11\11	8	3	28\	16\
	\23	3	2	1	8	9
	17\3	2	1	7\16	9	7
\10	9	1	16\5	1	4	
\33	8	5	9	4	7	
		\9	7	2		

99

		17\	20\		19\	3\
	\17	8	9	\11	9	2
	\16	9	7	30\8	7	1
		18\11	1	7	3	
	4\12	1	3	8	3\	
\12	3	9	\8	6	2	
\9	1	8	\10	9	1	

100

	16\	6\			17\	4\
\9	7	2		7\10	9	1
\10	9	1	24\12	1	8	3
	\13	3	8	2	6\	
	4\	3\15	9	4	2	16\
\11	3	1	7	\8	1	7
\3	1	2		\12	3	9

101

		11\	4\			
	\5	2	3	16\		
	16\11	3	1	7	11\	3\
\14	9	5	3\16	9	5	2
\10	7	1	2	17\4	3	1
		\12	1	9	2	
			\9	8	1	

102

			4\	17\		
		10\11	3	8	18\	
	17\19	3	1	9	6	4\
\10	8	2		\3	2	1
\13	9	4	3\	17\4	1	3
	\20	1	2	8	9	
		\10	1	9		

ANSWERS

103

			16\	4\		
	30\	12\8	7	1	10\	11\
\33	8	6	9	3	2	5
\10	9	1		\4	3	1
\9	6	3	16\	3\3	1	2
\26	7	2	9	1	4	3
		\9	7	2		

106

			3\	23\		
	3\	30\7	1	6	30\	
\27	1	7	2	9	8	
\11	2	9	6\14	8	6	4\
	\10	8	2	16\8	7	1
	\26	6	1	7	9	3
		\12	3	9		

104

	28\	10\	17\			
\20	9	3	8	4\		
\18	6	2	9	1	12\	29\
\6	5	1	16\10	3	2	5
\21	8	4	9	17\14	6	8
		\27	7	8	3	9
			\17	9	1	7

107

			17\	7\		
	17\	10\10	8	2	30\	
\28	8	3	9	1	7	
\10	9	1	23\12	4	8	4\
	\11	2	9	16\7	6	1
	\29	4	6	7	9	3
		\17	8	9		

105

			24\	4\		
		\8	7	1	7\	
	4\	6\16	9	3	4	4\
\13	3	2	8	7\3	2	1
\4	1	3	16\6	2	1	3
	\12	1	7	4		
		\10	9	1		

108

			6\	16\	10\	
		\12	2	9	1	17\
		12\21	3	7	2	9
	4\5	4	1	12\12	4	8
\4	3	1	17\11	8	3	
\14	1	2	8	3		
	\15	5	9	1		

ANSWERS

109

		10\	16\			
	\11	4	7	16\		
	17\17	1	9	7	30\	16\
\11	9	2	3\24	9	8	7
\13	8	3	2	17\15	6	9
		\18	1	8	9	
			\16	9	7	

110

			4\	3\		
	6\	30\4	3	1	29\	
\22	3	9	1	2	7	23\
\8	2	6		\17	9	8
\9	1	8	4\	17\14	8	6
	\30	7	1	8	5	9
		\12	3	9		

111

				20\	4\	16\
	3\	17\	34\15	5	1	9
\35	2	8	9	6	3	7
\17	1	9	4	3	16\	17\
	3\	16\26	8	2	7	9
\35	1	7	6	4	9	8
\18	2	9	7			

112

	6\	35\				
\11	3	8		24\	20\	
\6	1	5	8\13	8	5	
\27	2	7	1	9	8	6\
	\19	6	2	7	1	3
	\14	9	5	\3	2	1
				\6	4	2

113

			3\	24\	16\	
	17\	35\11	2	8	1	
\28	9	8	1	7	3	
\13	8	5	24\15	9	6	17\
	\15	7	8	3\13	4	9
	\26	6	9	1	2	8
	\18	9	7	2		

114

	24\	29\	4\	7\		
\20	7	9	3	1		
\18	8	7	1	2	21\	
\14	9	5	24\13	4	9	12\
	\17	8	9	17\17	8	9
		\19	7	8	3	1
		\20	8	9	1	2

ANSWERS

115

		38\	7\	17\	34\	
	\19	3	2	8	6	4\
	\26	5	4	9	7	1
	3\10	9	1	6\4	1	3
\9	1	8	16\4	1	3	
\29	2	7	9	3	8	
	\24	6	7	2	9	

116

			17\	3\	31\	
	6\	15\14	8	1	5	
\25	1	5	9	2	8	23\
\5	2	3		\14	6	8
\7	3	4	4\	17\12	3	9
	\26	2	1	8	9	6
	\13	1	3	9		

117

		35\	6\	16\		
	\13	5	1	7	17\	24\
	7\28	7	3	9	1	8
\9	1	6	2	7\11	2	9
\10	2	8	16\14	1	6	7
\25	4	9	7	2	3	
		\18	9	4	5	

118

			17\	6\			
	4\	24\11	9	2	23\		
\27	3	9	8	1	6		
\8	1	7	7\12	3	9	23\	
	\9	8	1	23\14	8	6	16\
		\13	4	9	3\17	8	9
		\25	2	6	1	9	7
			\10	8	2		

119

	3\	17\		24\	4\	10\	
\10	2	8	24\10	7	1	2	
\32	1	9	7	8	3	4	17\
	17\	11\17	8	9	7\9	1	8
\22	8	5	9	23\16	4	3	9
\10	9	1	16\11	9	2	3\	16\
	\30	3	7	8	1	2	9
	\17	2	9	6	\8	1	7

120

				16\	24\		
		30\	4\17	9	8		
	3\25	8	1	7	9	30\	
\14	2	9	3	\16	7	9	4\
\8	1	7	7\		16\7	6	1
	\8	6	2	4\19	9	7	3
		\20	4	1	7	8	
		\4	1	3			

ANSWERS

121

			17\	7\			
	23\	6\10	9	1			
\22	9	3	8	2	3\		
\7	6	1	4\5	4	1	24\	7\
\11	8	2	1	23\13	2	7	4
		\11	3	8	4\10	9	1
			\22	9	3	8	2
			\7	6	1		

122

			4\	6\		3\	16\
	17\	7\5	3	2	24\8	1	7
\34	8	4	1	3	7	2	9
\10	9	1	23\10	1	9	7\	
	\8	2	6	24\9	8	1	4\
	3\	17\17	9	8	4\5	2	3
\34	2	9	8	7	3	4	1
\9	1	8	\10	9	1		

123

				4\	19\		
		15\	17\10	1	9	16\	23\
	\38	5	8	3	7	6	9
	6\11	2	9	\11	3	2	6
\4	1	3	23\		3\12	4	8
\11	2	1	8	16\4	1	3	
\25	3	4	6	9	2	1	
		\16	9	7			

124

		10\	4\		10\	17\	16\
	\4	3	1	4\20	3	8	9
	17\26	4	3	1	2	9	7
\9	8	1	11\7	3	4	29\	4\
\16	9	2	5	16\13	1	9	3
	3\	17\9	2	7	3\9	8	1
\30	1	8	3	9	2	7	
\12	2	9	1	\6	1	5	

125

	7\	29\	3\		11\	16\	
\12	2	9	1	17\9	2	7	
\31	4	7	2	8	1	9	
\9	1	8	11\14	9	5	13\	
	\7	5	2	4\9	3	6	23\
		3\6	5	1	16\10	1	9
	\23	2	1	3	7	4	6
	\4	1	3	\19	9	2	8

126

				23\	4\		
		17\	3\9	8	1	34\	8\
	\32	6	2	9	3	8	4
	24\10	3	1	6	\7	6	1
\12	7	5		23\	4\12	9	3
\10	9	1	4\13	8	1	4	
\27	8	2	1	6	3	7	
		\12	3	9			

ANSWERS

127

				3\	16\		
		35\	16\9	2	7	35\	
	\31	8	7	1	9	6	16\
	4\14	5	9		\17	8	9
\9	3	6			4\12	5	7
\8	1	7	4\	3\10	1	9	
	\22	9	1	2	3	7	
		\4	3	1			

128

				4\	24\		
		11\	3\10	1	9		
	4\14	2	1	3	8	10\	
\8	1	5	2	\9	7	2	16\
\4	3	1	24\		4\8	1	7
	\12	3	9	17\13	1	3	9
		\24	8	9	3	4	
		\15	7	8			

129

				7\	17\		
			\11	2	9	30\	10\
	29\	10\	3\24	4	8	9	3
\11	5	3	2	1	3\10	8	2
\13	8	4	1	7\12	1	7	4
\11	9	2	16\13	4	2	6	1
\19	7	1	9	2			
		\8	7	1			

130

				7\	17\		
		16\	24\12	4	8	16\	4\
	\26	1	7	2	9	4	3
	\14	4	9	1	10\4	3	1
	4\11	3	8	24\10	4	6	
\3	1	2	16\12	9	1	2	
\30	3	6	7	8	5	1	
		\16	9	7			

131

	3\	39\		6\	3\		
\7	2	5	\3	1	2	23\	
\8	1	7	17\11	3	1	7	3\
	4\15	4	9	2	4\7	6	1
\20	3	9	8	22\6	1	3	2
\9	1	8	17\14	7	3	4	4\
	\23	6	8	9	\3	2	1
		\15	9	6	\4	1	3

132

			23\	3\	24\		
		\16	6	2	8	29\	10\
	11\	28\23	8	1	7	5	2
\22	5	8	9	\18	9	8	1
\6	1	5	10\		24\11	7	4
\12	2	9	1	4\20	8	9	3
\19	3	6	2	1	7		
		\19	7	3	9		

ANSWERS

133

		17	16			11	16
	14	8	6	17	10	1	9
	21	9	4	8	35\12	5	7
		29\17	1	9	5	2	
	7	5	2	3\10	7	3	
	3\21	8	3	1	9	17	
9	2	7	19	2	8	9	
10	1	9		14	6	8	

134

				17	18	28	
		24	17\16	9	2	5	6
	37	5	9	8	7	6	2
	7\9	1	8	20	9	8	3
11	4	7	24		17\3	2	1
10	1	2	7	4\11	8	3	
27	2	3	8	1	9	4	
	18	6	9	3			

135

					4	27	
	10	38		16\3	1	2	
5	2	3	17\13	9	3	1	10
27	3	9	8	7	17\5	3	2
15	1	5	9	16\20	9	7	4
11	4	7	3\27	7	8	9	3
	18	8	1	9	6	5	1
	8	6	2				

136

				6	23		
	7	28	3\11	2	9		
22	4	9	2	1	6	30	
30	2	7	1	3	8	9	6
9	1	8	6	24	17\10	8	2
	28	4	2	7	8	6	1
		28	1	8	9	7	3
		12	3	9			

137

			17	6	22		
	7	24\19	8	2	9		
24	2	8	9	1	4		
13	4	9	30\11	3	8	6	7
14	1	7	6	7\6	1	3	2
		8	7	1	16\3	2	1
		24	8	2	9	1	4
		20	9	4	7		

138

	16	4					
10	9	1	26	3	19		
24	7	3	8	1	5	16	
		17\13	1	2	3	7	
	16	9	7	4\17	8	9	
	16	8	4	3	1	17	4
		20	6	1	2	8	3
					10	9	1

ANSWERS

139

		10\	17\	6\	30\		
	4\24	4	9	3	8		
\21	3	1	8	2	7		
\3	1	2	11\10	1	9	10\	
	\4	3	1	6\8	6	2	17\
		\4	3	1	16\13	4	9
		\25	5	2	7	3	8
		\15	2	3	9	1	

140

			16\	4\	3\	38\	
		38\15	7	1	2	5	
	6\28	8	9	3	1	7	7\
\6	1	5			\7	6	1
\10	3	7			\5	3	2
\11	2	9	4\	17\	16\13	9	4
	\33	6	3	9	7	8	
	\21	3	1	8	9		

141

		16\	17\	4\		7\	24\
	\19	7	9	3	6\10	1	9
	\32	9	8	1	3	4	7
				4\11	1	2	8
			23\3	1	2		
	6\	24\11	8	3			
\20	3	8	9	3\	4\	17\	
\29	2	9	6	1	3	8	
\8	1	7	\12	2	1	9	

142

	17\	6\				7\	17\
\12	9	3			\12	4	8
\9	8	1	29\		11\11	2	9
	\10	2	8	17\3	2	1	
		\22	9	8	5		
		7\17	7	9	1	23\	
	4\9	4	5	\11	3	8	16\
\4	3	1			\16	9	7
\3	1	2			\15	6	9

143

						16\	17\
		29\	16\		7\16	7	9
	17\15	8	7	11\19	2	9	8
\27	8	5	9	1	4	29\	
\16	9	7	6\9	3	1	5	16\
	\17	9	3	5	17\17	8	9
	17\	3\27	1	2	8	9	7
\11	8	1	2	\16	9	7	
\11	9	2					

144

				12\	17\		
			\11	2	9	16\	
		15\	17\13	1	8	4	17\
	\19	2	8	9	\9	1	8
	17\13	4	9		17\12	3	9
\9	8	1		7\14	8	6	
\14	9	5	3\12	1	9	2	
	\9	3	2	4			
		\3	1	2			

ANSWERS

145

						16\	3\
					16\9	7	2
	4\	3\	16\	10\17	7	9	1
\22	3	1	7	2	9		
\16	1	2	9	4	16\	3\	17\
			16\20	3	7	1	9
	3\	4\27	7	1	9	2	8
\13	1	3	9				
\3	2	1					

146

						17\	4\
	16\	3\	4\		7\11	8	3
\10	7	2	1	11\12	2	9	1
\22	9	1	3	5	4		
			7\4	3	1		
		\3	1	2	17\	3\	16\
	3\	16\24	4	1	8	2	9
\12	1	9	2	\17	9	1	7
\9	2	7					

147

						10\	16\
	4\	16\	20\		\9	2	7
\10	1	7	2		24\10	1	9
\16	3	9	4	17\9	2	7	
		\23	6	8	9		
		7\17	1	9	7	16\	4\
	4\11	4	7	\15	5	9	1
\3	1	2		\11	1	7	3
\4	3	1					

148

				3\	16\		
		3\	30\11	2	9	23\	
	\24	2	6	1	7	8	4\
	\8	1	7	3\	10\7	6	1
	4\	24\23	8	1	2	9	3
\22	1	7	9	2	3	16\	
\12	3	9	4\	17\13	4	9	
	\28	8	3	9	1	7	
		\9	1	8			

149

		36\	16\	4\			
	\18	6	9	3	17\		
	10\22	5	7	1	9	38\	11\
\11	2	9		\20	8	9	3
\4	3	1			\13	8	5
\12	4	8	3\		\9	7	2
\10	1	7	2	4\	16\7	6	1
		\18	1	3	9	5	
			\11	1	7	3	

150

				16\	24\		
			17\17	9	8		
	25\	29\24	8	7	9	30\	11\
\23	6	8	9	\21	7	9	5
\16	9	7			\10	7	3
\17	8	9	23\		4\7	6	1
\13	2	5	6	16\13	3	8	2
		\17	9	7	1		
		\17	8	9			

ANSWERS

151

		4\	29\	38\			
	\17	1	7	9	4\		
	\17	3	5	8	1	4\	17\
		\23	8	2	3	1	9
	17\	3\10	9	1	26\11	3	8
\11	9	2	17\5	3	2		
\29	8	1	9	4	7	3\	
		\25	8	6	9	2	
			\14	5	8	1	

152

	17\	16\	16\			35\	24\
\20	9	7	4		\17	9	8
\23	8	9	6	11\	\12	5	7
		34\4	1	3	33\16	7	9
	\24	8	2	1	7	6	
	24\32	7	3	5	9	8	
\14	8	6	\6	2	4	3\	4\
\13	9	4		\8	5	2	1
\16	7	9		\12	8	1	3

153

	24\	7\			3\	16\	4\
\9	8	1		39\13	1	9	3
\11	7	4	3\16	6	2	7	1
\16	9	2	1	4			
		\11	2	9	16\		
			\15	8	7	7\	23\
	3\	4\	16\22	5	9	2	6
\20	1	3	9	7	\12	4	8
\10	2	1	7		\10	1	9

154

		29\	4\				
	\8	7	1			16\	3\
	4\12	9	3	30\	7\10	9	1
\6	1	5	6\19	9	1	7	2
\20	3	8	1	6	2	29\	17\
	3\	16\30	2	7	4	8	9
\19	1	7	3	8	3\15	7	8
\11	2	9		\10	1	9	
				\7	2	5	

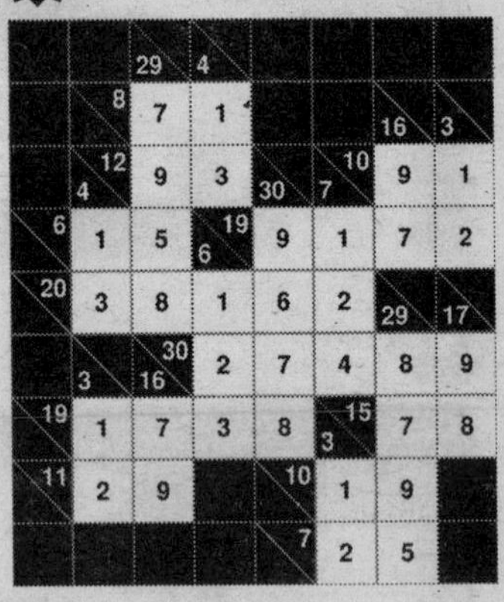

ANSWERS

155

	↓3	↓39		↓4	↓19		
→9	1	8	→12	3	9		
→11	2	9	↓3 →8	1	7	↓33	
	↓16 →9	7	2	↓3 →10	3	7	↓16
→16	7	6	1	2	↓4 →11	4	7
→14	9	5	↓6 →21	1	3	8	9
	→5	4	1	↓16 →4	1	3	↓4
		→11	2	9	→6	5	1
		→10	3	7	→9	6	3

156

	↓23	↓11			↓3	↓17	
→14	9	5		↓25 →11	2	9	
→7	6	1	↓23 →16	7	1	8	
→24	8	3	9	4	↓24		
	→16	2	6	1	7	↓12	
		→23	8	2	9	4	↓23
		↓16	↓17 →25	6	8	2	9
	→22	9	8	5	→9	1	8
	→16	7	9		→11	5	6

157

	↓7	↓23	↓16		↓32	↓22	↓3
→18	1	8	9	↓34 →15	9	5	1
→41	4	9	7	5	6	8	2
→8	2	6	↓34 →16	3	4	9	
		→22	9	8	5		
		↓7 →23	6	9	8	↓7	↓24
	↓4 →12	1	4	7	↓17 →12	4	8
→34	3	4	8	2	9	1	7
→10	1	2	7	→19	8	2	9

158

					↓21	↓23	
	↓17	↓7		→8	2	6	
→12	8	4	↓29	→15	6	9	
→18	9	2	7	↓17 →13	5	8	
	→17	1	5	8	3	↓24	
		↓11 →24	3	9	4	8	↓17
	→5	1	4	→18	1	9	8
	→17	8	9		→16	7	9
	→3	2	1				

ANSWERS

159

		31\	24\				
	\17	8	9	3\	24\	32\	
	17\26	6	8	1	9	2	
\34	9	3	7	2	8	5	
\9	8	1	6\	\15	7	8	3\
	\3	2	1	4\	24\4	3	1
	\25	7	3	1	8	4	2
	\25	4	2	3	7	9	
				\10	9	1	

161

		32\	4\				
	\10	9	1	16\			
	25\20	8	3	9	3\	22\	10\
\13	8	5	\13	7	1	3	2
\3	1	2	3\	\10	2	5	3
\17	9	7	1	4\	\11	7	4
\13	7	1	2	3	16\5	4	1
			\12	1	9	2	
				\8	7	1	

160

			23\	3\			
	26\	35\11	9	2	16\		
\24	2	8	6	1	7	16\	
\24	7	9	8	\10	9	1	29\
\15	8	7			\10	2	8
\14	9	5	3\		24\15	6	9
	\7	6	1	4\15	7	3	5
		\23	2	1	9	4	7
			\11	3	8		

162

	16\	28\	30\				
\19	7	3	9		17\	39\	6\
\20	9	5	6	\18	9	7	2
	\8	1	7	17\20	8	9	3
	8\19	2	8	9	29\6	5	1
\6	2	4	17\23	8	9	6	
\15	1	6	8	\9	8	1	16\
\21	5	7	9	\20	5	8	7
				\19	7	3	9